王定铜 —— 主编

课堂核心素养

核心素养导向的课堂教学丛书

杨四耕 主编

华东师范大学出版社
·上海·

图书在版编目（CIP）数据

课堂核心素养/王定铜主编. —上海：华东师范大学出版社，2023
（核心素养导向的课堂教学丛书）
ISBN 978-7-5760-3700-5

Ⅰ.①课… Ⅱ.①王… Ⅲ.①课堂教学－教学研究
Ⅳ.①G424.21

中国国家版本馆 CIP 数据核字（2023）第 035114 号

核心素养导向的课堂教学丛书

课堂核心素养

丛书主编　杨四耕
主　　编　王定铜
责任编辑　刘　佳
特约审读　李小敏
责任校对　邱红穗　时东明
装帧设计　卢晓红

出版发行　华东师范大学出版社
社　　址　上海市中山北路 3663 号　邮编 200062
网　　址　www.ecnupress.com.cn
电　　话　021-60821666　行政传真 021-62572105
客服电话　021-62865537　门市（邮购）电话 021-62869887
地　　址　上海市中山北路 3663 号华东师范大学校内先锋路口
网　　店　http://hdsdcbs.tmall.com

印 刷 者　常熟市文化印刷有限公司
开　　本　787 毫米×1092 毫米　1/16
印　　张　13.75
字　　数　215 千字
版　　次　2023 年 3 月第 1 版
印　　次　2023 年 3 月第 1 次
书　　号　ISBN 978-7-5760-3700-5
定　　价　48.00 元

出 版 人　王　焰

（如发现本版图书有印订质量问题，请寄回本社客服中心调换或电话 021-62865537 联系）

编委会

主编

王定铜

编委：（按姓氏笔画为序）

王 萍　王承才　邓 梅　石 军　朱穗清　庄雪梅　刘小平
李 霞　李巧儿　吴健苗　陈 伟　陈 辉　陈舟驰　陈庆礼
陈柱科　林洁霞　林绮芳　周宇轩　唐信焱　唐逢春　雷 旭
谭泽光　潘少伟　薛建辉

丛书总序

洞见改革

回望轰轰烈烈的课堂教学改革，我们依然可以欢呼，仍然可以雀跃，但我们更需要理性的回望和深刻的思考。

不是吗？我们的课堂教学改革虽然取得了卓著的成效，但也出现了不少观念的误识和实践的误区。我们能否真正面对与合理消解这些问题，将直接影响课堂教学改革的纵深推进。

维特根斯坦指出："洞见或透识隐藏于深处的棘手问题是艰难的，因为如果只是把握这一棘手问题的表层，它就会维持原状，仍然得不到解决。因此，必须把它'连根拔起'，使它彻底地暴露出来；这就要求我们开始以一种新的方式来思考。这一变化具有决定意义，……难以确立的正是这种新的思维方式。一旦新的思维方式得以确立，旧的问题就会消失；实际上人们很难再意识到这些旧的问题。因为这些问题是与我们的表达方式相伴随的，一旦我们用一种新的形式来表达自己的观点，旧的问题就会连同旧的语言外套一起被抛弃。"面对核心素养时代，我们的课堂教学改革有必要确立新的思维方式，并借此洞悉困扰我们的"棘手问题"。

改革不是一种风潮，而是一种使命。当下，跟风式改革仍然盛行，如深度学习、项目学习、STEAM……见样学样，不停跟风，貌似显现出一派繁荣景象。不少所谓的教学改革只是在形式上做文章，有教条主义的嫌疑；不少课堂深陷应试泥潭，既不教人文，亦无关精神，甚至连知识也谈不上，而是"扎扎实实"地搞成了教考，把应考当作课堂教学改革的使命。教育改革的真正使命是什么？我们应秉持怎样的立场推进课堂教学改革？2014年，教育部颁布《关于全面深化课程改革落实立德树人根本任务的意见》。这份文件指出：立德树人是课程改革的根本任务，核心素养培育是课程改革的核心价值。这便是我们的使命。使命需要执着，执着就是美德。细细品味维特根斯坦的这句话也许会有所助益："当一切有意义的科学问题已被回答的时候,人生的诸问题仍然完全未被触及。"课堂教学改革的全部使命便是触及人生问题并给出某种实质性的回答,从而使"立德树人"落到实处。

改革不是一个口号,而是一种立场。层出不穷的口号、花样频出的概念,已然是当下学校变革的常态。不少学校把玩弄概念作为改革,把提口号当成改革,以学定教、先学后教、翻转课堂……热词涌起,名句不断。当我们把改革看成一个概念、一个口号的时候,我们已经远离了改革。改革是一种立场,一种有思考的尝试,一种为着根的事业而不断探索的精神。维特根斯坦说:"一种表述只有在生活之流中才有意义。"可以说,如果我们能把自己的立场安放在特定的概念或口号里,秉持有立场的变革,那将是对维特根斯坦的一种慰藉。

改革不是一张蓝图,而是一种责任。加拿大学者迈克尔·富兰说:"变革是一项旅程,而不是一张蓝图。"毫无疑问,改革需要蓝图,需要理性设计,但蓝图不是改革本身。奥托·魏宁格有一句令人心动的话:"逻辑与伦理在本质上是相同的。它们不是别的,而正是对自我的责任。"改革是一种责任,是一种对未来负责的精神。联合国教科文组织提出了21世纪教育的四大支柱:学会认知、学会做事、学会共处、学会生存。其中,学会认知是步入未来社会的通行证,这方面的素养包括观察、阅读、倾听、书写、交流、多样化表达、分析、综合、推理……学会做事是适应知识经济时代的必然选择,这方面的素质包括专注、善于发现问题、善于尝试、目标准确、身体力行、全力以赴、勇于面对现实、直面困难、不惧失败……学会共处是顺应全球化时代的需要,这方面的素养包括人际感受能力、人际理解能力、人际想象能力、风度与表达能力、合作与协调能力、决策能力、沟通能力……而学会生存则是对做人品质的完善,这方面的素养包括适应能力、交往能力、管理能力、动手能力、创新能力、竞争能力……应该说,这些都是核心素养时代课堂教学改革的责任。

改革不是一场革命,而是一种态度。我们为什么需要改革?是因为有糟糕的现实摆在眼前,我们必须清除它。我们如何改革?通过雷厉风行的方式彻底改革吗?我们知道,对于理想化的东西,改革者很容易接受,并习惯于用理想的丰满来衡量现实的骨感,用理想的圆润来评判现实的粗糙。在理想观照下,现实是一无是处的,是必须摈弃的。正是基于这种认识,改革者很容易接受这样的观点:通过暴风骤雨式的"革命"来实现美好的改革目标。著名教学论专家王策三先生指出：任何教学改革都不是"一蹴而就的，也不是几年、十几年、几十年短期实现的，更不是以'革命'方式达成的"。改革是一种态度，一种持续改变现状的态度，一种朝向美好的态度，一种渐进探索的态度。

改革不是一个事件，而是一项旅程。吉纳·霍尔认为，变革的首要原则是把变革看作"是一个过程，而不是一次事件"。当我们把改革看成是一个事件，这意味着，改革可以在短期内取得成功；如此，改革尚未真正推进，我们便急着推出新的改革。面对一系列的政策性号召与行政命令，一些地方与学校常常是积极参与，往往在短时间内就会涌现出大量的改革成果，不少地方和学校还会举办各种各样的经验交流会。然而，在热闹的背后，却存在着虚假的繁荣：应付改革，鲁莽冒进现象时有发生。改革其实是一项旅程，一项迈向合理性的旅程，一项不断面对问题、思考问题、解决问题的旅程。课堂教学改革无法速成，只能渐进摸索；课堂教学改革也无法一次性完成，它永远在路上。

改革不是一条直线，而是一种智慧。对改革的简单化认识，缺少对改革形态丰富性、过程复杂性的理解，会让改革陷入迷茫。吉纳·霍尔说："变革，不是某位领导发表一次演讲，或在8月份为教师举行两天短期培训，或向学校提供新课程或新技术，就能一蹴而就、获得成功的。相反，变革是一个过程，在这个过程中，个人、组织、机构逐渐理解了新事物、新方法，并且在运用它们时愈益熟练和有技巧。"无数经验证明，课堂教学改革是一个逐步推进的过程，而不是一条直线，其中往往包含着复杂性、随机性和偶然性，它需要理性和智慧。对此，迈克尔·富兰说：变革"好比一次有计划的旅程，和一伙叛变的水手在一只漏水的船上，驶进了没有海图的水域"。可见，课堂教学改革不是"种豆得豆、种瓜得瓜"的简单逻辑，而是一个多因子、多变量、多可能的复杂交织过程。没有"直接拿来"的理论与模式可以套用，改革需要我们自己的原创理论和实践智慧。

改革不是一个目的，而是一种创造。把改革作为目的，为改革而改革，这不是我们的应然取向。有人说："未来不是我们要去的地方，而是我们要创造的地方。"课堂教学改革，可以是突破陈规、大胆探索的思想观念，也可以是自强不息、锐意进取的精神状态，还可以是奋勇争先、不甘落后的使命感。华罗庚说："如果没有独创精神，不去探索更新的道路，只是跟着别人的脚印走路，也总会落后别人一步；要想赶过别人，非有独创精神不可。"我们今天创造怎样的课堂，就意味着我们在培育怎样的未来。当我们创造知识型课堂的时候，我们就是在塑造复制与服从的未来；当我们创造素养型课堂的时候，我们就是在选择美好与灿烂的生活。教育的价值在于生命意义的提升，在于学习价值的锤炼，而不在于知识的牢固掌握和大量累积。雨果说："已经创造出来的东西比起有待创造的东西来说，是微不足道的。"的确，有待创造的东西只能靠学生在生命化实践和实际生活中去创造。因此，在某种意义上，改革不是一个固定目标，而是一个创造，是一个基于实验的生命创造和素养提升过程。

改革不是一种形式，而是一种深度。虽然改革之声不断，但我们的课堂教学改革总体上并无实质性进展，"素质教育轰轰烈烈，应试教育扎扎实实"仍然是中小学课堂教学的主流表现。围绕着教材，问题学习、项目学习、单元教学、作业设计、听评课……都被冠以改革之名。联合国教科文组织在《学会生存》这一报告中曾警告说："教育具有开发创造精神和窒息创造精神这样双重的力量。"大量事实表明，以反复操练为表征的知识教育严重地窒息着年轻一代的创造精神，阻碍着社会进步。教育的核心价值不应该只是盯着知识，而应在于培养有智慧的人。唯有培养有智慧的人，我们才能足以应对不断变化的社会。二百多年前，德国就有如此教育宣言："教育的目的，不是培养人们适应传统的世界，不是着眼于实用性的知识和技能，而是要去唤醒学生的力量，培养他们自我学习的主动性、抽象的归纳力和理解力，以便使他们在目前无法预料的种种未来局势中，自我做出有意义的选择。"当前，课堂教学改革最重要的一步，就是要从知识至上的泥潭中跳出来，义无反顾地迈向关注生长的素养时代。

总之，改革不是自负的概念翻新与宣示，而是崭新观念的建构与实践。面对核心素养时代，我们应少些"看客"，多些"创客"，不断洞悉隐藏于深处的棘手问题，在不断追问中创造属于我们自己的精神世界。这或许就是"核心素养导向的课堂教学丛书"之初衷。

杨四耕

2019年6月9日于上海市教育科学研究院

目录

总论　课堂核心素养的独特性质　　/1

第一章　自主学习　/9

课堂里，基础性、决定性的学习是自主学习，如果课堂里没有自主学习，那就不是以学生为主体、以学生的学习为中心的课堂。 没有以自主学习为基础，合作学习、探究学习都只能流于形式。 关注学生素养发展的课堂，必须是自主学习占主导地位的课堂。

　　第一节　自主学习的基本内涵　　/11
　　第二节　自主学习在课堂的实施　　/16
　　第三节　案例分析　/26

第二章 独立思考 /39

　　学生在课堂里，不只是听教师讲课，也不只是听同学发言，而必须独立思考。没有学生独立思考的课堂，不是好课堂。教师要营造学生独立思考的情境、提供独立思考的材料、提出独立思考的问题，让独立思考成为学生的课堂学习习惯，让独立思考能力成为学生的核心素养。

　　第一节　独立思考的基本内涵　/41

　　第二节　独立思考在课堂的实施　/46

　　第三节　案例分析　/54

第三章 问题意识 /61

　　课堂里的学生，不是被动地学习和解决教师提出的问题，而是在一定的课堂情境中产生自己的问题，教师应鼓励学生提出问题，因为提出问题往往比解决问题更有价值。如果学生在课堂里没有产生任何问题，说明学生根本没有进入课堂学习的状态，因为任何一个有独立思考能力的人，对面临的情境都会产生自己的想法、说法和做法。教师在课堂里要激发学生的问题意识，让学生大胆地提出与众不同的问题。问题意识是学生在课堂里应该发展的核心素养。

　　第一节　问题意识的基本内涵　/63

　　第二节　问题意识在课堂的实施　/69

　　第三节　案例分析　/80

第四章　合作分享　　/89

　　课堂活动也是社会生活，每一堂课都是要解决一些具体问题的，问题的解决除了靠学生个体自身外，还需要大家的共同努力，这就是合作。课堂里除了自主学习，还必须有合作学习，合作与分享不仅仅是学习的方式，更是一种品格，是学生在课堂里应该生成的核心素养。

　　第一节　合作分享的基本内涵　/91
　　第二节　合作分享在课堂的实施　/97
　　第三节　案例分析　/106

第五章　质疑探究　　/115

　　有生命活力的课堂，不应该是让学生全盘接受现有的知识和经验，而是在掌握必备的知识和经验的基础上，指出现有知识与经验的不足，提出自己的疑问和看法，发表自己新的见解，这就是质疑和探究。质疑探究是学生重要的学习品格，是教师必须关注的课堂核心素养。

　　第一节　质疑探究的基本内涵　/117
　　第二节　质疑探究在课堂的实施　/122
　　第三节　案例分析　/129

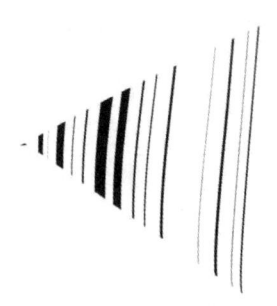

第六章　善于感悟　/135

知识的学习有三种方式：记中学、做中学、悟中学。课堂里尽可能少点记中学，尽可能多点做中学、悟中学，因为记中学来的东西终归不是自己的，迟早是会遗忘的；只有做中学、悟中学的东西才是自己的，一旦学会将终身受用。感悟就是悟中学，善于感悟不仅仅是学习方式，更是学习品质，是课堂核心素养。

第一节　善于感悟的基本内涵　/137

第二节　善于感悟在课堂的实施　/143

第三节　案例分析　/150

第七章　积极操作　/155

操作就是做，要求在课堂里注重做中学，学生在课堂里不仅要有想法、有说法，而且要有做法，只有想法说法，而没有做法，就不能学以致用，就不能运用所学知识和经验解决实际问题。积极操作不仅是非常有效的课堂教学行为，更是学生的学习品质和素养，教师必须关注。

第一节　积极操作的基本内涵　/157

第二节　积极操作在课堂的实施　/163

第三节　案例分析　/175

第八章　总结建构　　/181

　　学生在课堂学习中获取的知识、方法和策略，不应当是零散的，而应该是系统的。所以，课堂学习不能只满足于解决一个一个的知识点，而要把零散的知识概括、归纳、总结，建立知识体系，同时也要将学习的方法和策略形成体系。课堂里的总结建构的权利不能把握在教师的手里，而应放手给学生，只有学生能够总结建构，才有课堂的真正价值。总结建构是学生在课堂里应形成的核心素养。

　　第一节　总结建构的基本内涵　　/183
　　第二节　总结建构在课堂的实施　　/188
　　第三节　案例分析　　/194

后记　　/200

总论　课堂核心素养的独特性质

我国实施新课程已有 20 余年时间，教师们虽然有一定的新课程理念，但还缺乏有效的新课程行为，突出表现在课堂教学中。不少的课堂还是教师一言堂，不少教师还是只管自己的教不管学生的学，只管教知识不顾学生核心素养的养成，只管教书不讲育人，使得课堂这个育人的主阵地，失去了立德树人的作用。究其原因，是没有抓住课堂核心素养。

一、什么是课堂核心素养

我们都知道，核心素养是学生在接受相应学段的教育过程中，逐步形成的适应个人终身发展和社会发展需要的必备品格和关键能力。普通高中课程标准规定了各学科核心素养，义务教育课程标准又规定了各门课程的核心素养。课程标准是这样表述核心素养的：

学科核心素养是学科育人价值的集中体现，是学生通过学科学习而逐步形成的正确价值观念、必备品格和关键能力。如思想政治学科核心素养，主要包括政治认同、科学精神、法治意识和公共参与。

课程核心素养是课程育人价值的集中体现，是学生通过课程学习而逐步形成的正确价值观、必备品格和关键能力。如道德与法治课程核心素养包括政治认同、道德修养、法治观念、健全人格和责任意识。

那么，什么是课堂核心素养？课堂应不应该有核心素养？课堂核心素养应包括哪些方面呢？如何落实课堂核心素养？

因为，学科核心素养并不是学科的核心素养，课程核心素养也不是课程的核心素养，都是学生的核心素养。同样，课堂核心素养更不是课堂的核心素养，更是学生的核心素养。因为课堂并不是一个固定不变的空间，而是教师和学生在一定空间和时间里进行生命活动的过程。在这种生命活动过程中，教师施加一定的教学行为，促进学生形成正确价值观、必备品格和关键能力。所以，课堂核心素养是课堂育人价值的集中体现，是学生通过课堂活动而逐步形成的正确价值观、必备品格和关键能力。

二、课堂核心素养的内容

课堂核心素养，既然是教师和学生在一定空间和时间里进行生命活动的过程，在这一过程中，学生要形成正确价值观、必备品格和关键能力。那么课堂核心素养应包括自主学习、独立思考、问题意识、合作分享、质疑探究、善于感悟、积极操作、总结建构等内容。

1. 自主学习

一个没有学生自主学习的课堂，是不尊重学生主体性的课堂，学生的知识、能力、情感态度价值观，主要是通过自主学习获得的。有的教师满堂灌，根本不给学生自主学习的机会；有的教师满堂讨论，实际上是让学生空着手去做生意，因为合作学习的过程是学生交换知识与经验的过程，如果只有合作学习，没有自主学习作基础，他拿什么去与同学交换知识与经验？所以，自主学习是合作学习的基础，没有自主学习的合作学习，相当于没有自己商品的人去与人交易，空手交易，换不回任何东西。自主学习不仅仅是合作学习的基础，也是学生终身发展所需的品格和能力，所以，自主学习是学生在课堂里必须发展的核心素养。

2. 独立思考

有生命活力的课堂，绝不是教师讲、学生听和记的课堂，绝不是照本宣科的课堂，绝不是人云亦云的课堂，而是让学生独立思考的课堂。独立思考并不是一味地空想，也不是毫无根据、毫无目的地冥思苦想，而是在教师提供材料、提出问题后的有目的、有方向的思考，是通过自己的思维活动，完成教师提出的问题；是通过自己创造性的思维活动，产生独到的见解，发表与众不同的观点，提出别出心裁的方案。一个没有独立思考习惯和能力的人，面对从未遇见的问题，总是表现出束手无策、无计可施。如果学生在课堂里不能独立思考，那么他面对任何问题都不会有主见。所以，独立思考也是学生在课堂里必须发展的核心素养。

3. 问题意识

只有善于自主学习和独立思考的人，才会对他所见之人、所遇之事产生种种疑问，这就是问题意识。提出一个问题往往比解决一个问题更重要，不思考、不总结、不反思的人，往往是提不出问题的。能提出问题，说明你思考了、你关注了、你比较了、你分析了。如果学生在课堂里没有产生任何问题，说明学生并没有关注课堂，学生的注意力出现了偏差，学生在课堂里没有真正学习。所以，有生命活力的课堂，是能够激发学生问题意识的课堂。学生只有不断产生问题，才可能不断解决问题，学生是在解决一个又一个问题中成长的。所以，问题意识同样是学生在课堂里必须发展的核心素养。

4. 合作分享

学生在自主学习中产生了解决问题的初步想法，在独立思考中形成了自己独到的想法，在已有想法的基础上又产生新的问题，这些想法和问题需要与人交流和分享，于是有了合作学习的需求。学生的发展，主要是靠自己的努力，也需要教师的引导，更需要同伴的帮助。合作学习是同伴帮助的最重要的形式，一个善于合作分享的学生，他进步的速度就更快。在当今社会，每个人的发展，都必须与人合作，如果一切事情都不与人交流，只是孤军奋战，将会浪费许多时间和精力，因为不少疑难问题，对自己来讲是问题，但对别人来讲可能是早已解决的问题，只有与人交流与合作，才能使问题得到更快的解决。所以，合作分享是一种很好的品格，也是一种生存和发展的能力，在课堂里应让学生达成这一核心素养。

5. 质疑探究

在课堂里，学生不应当对他人的观点坚信不疑，不论是教师的讲解，还是同学的陈述，甚至是教材的表达，都应该产生疑问。是这样吗？为什么是这样，而不是那样呢？还有别的表达吗？这就是质疑的意识和习惯。当产生了疑问，接下来的事情是要解决疑问，需要借助已有的知识和经验去解决新的问题，这种解决新问题的过程就是探究。所以，学生在课堂里，不仅要自主学习、合作学习，还需要探究学习。一个没有质疑探究习惯的人，永远不可能有自己的想法、自己的说法、自己的做法，永远只能跟在别人的后面走。如果我们的学生都没有质疑探究的能力，那么我们的未来、我们的国家在创新上就没有希望了。所以，质疑探究是学生在课堂里必须形成的核心素养。

6. 善于感悟

学习有三种方式：记中学、做中学、悟中学。靠记忆学习，短期效果很好，但长期作用不大。通过动手操作的方式学习，虽然速度慢了点，但一旦掌握就是终身的本领，如游泳，一旦学会就终身会游泳；再如骑自行车，一旦会骑了，即使30年没骑，同样还会骑。通过自己的亲身体验、深刻感悟而学到的东西，才真正是自己的东西。所以，在课堂里，教师要营造合适的情境，让学生身临其境，在情境中感悟。同时，教师要引导学生自觉感悟，形成正确的价值观念。善于感悟，也应当成为重要的课堂核心素养。

7. 积极操作

操作，就是在做中学。在课堂里，学生不只是用眼睛看、用耳朵听，更需要动手做，更准确地说，是要手脑并用，是积极的思维、主动的活动。学生应积极主动地参与到课堂的各个环节之中，在自主学习活动中，要积极思考，产生问题和看法，要主动地表达自己的观点；在合作学习过程中，要积极主动地与小组成员一起交流，发表自己的见解；在探究性学习活动中，要充分运用已有知识和经验，努力解决新的问题。在每一学习活动中，都要积极思考、动笔写、动手做，不要依靠别人的想法和做法，不要照抄教材里的说法。所以，在课堂里积极操作，是学生应有的习惯和能力，也应成为课堂核心素养。

8. 总结建构

每一堂课的学习，不是零零散散的知识点的呈现，知识之间是密切相关的，一堂课的主要学习活动结束后，必须对本堂课的内容进行总结和归纳。许多教师在这个时候都是直接把知识结构图通过PPT展示给学生，就算是这堂课的总结了。如果这样结束一堂课，学生对本节课的内容还是模糊的。总结不应当只是教师的事情，主要还是学生的事情，应让学生自己建构知识体系，知识之间的逻辑关系应清楚明白，要动手画出知识结构图。只有结构化的知识，才是牢固的；只有将知识结构化，才能真正理解知识。总结和建构是学生学习的一个关键能力，也是良好的学习习惯。所以，总结建构也是学生在课堂里需要形成的核心素养。

三、课堂核心素养的落实

落实课堂核心素养，需要教师在课前做好充分的准备，需要教师和学生在课堂中积极的教学行为。

1. 自主学习的落实

教师的课前准备：创设学生自主学习的情境，准备自主学习的材料，整合教材中自主学习的内容，设计自主学习的问题。

课堂中的学生行为：让学生思考和分析情境，阅读材料及教材，思考并写出解决问题的思路、方法等，让学生有想法；让学生表达自主学习的成果，让学生有说法。

课堂中的教师行为：引导学生自主学习，积极地分析与思考；给学生发表自主学习中所获得的想法的机会；对学生的表现给予恰当的评价。

2. 独立思考的落实

教师的课前准备：准备几个让学生思考的问题，这些问题必须与情境和材料相关，与教学内容相关。

课堂中的学生行为：不是在材料中找答案，不是在教材中找答案，而是在情境、材料、教材中产生自己的想法；不是等待教师的讲解、同学的回答，而必须有自己的想法，产生自己的说法。

课堂中的教师行为：不要让学生找答案，而要引导学生思考；不要告诉学生结论，而要让学生思考后得出；对善于独立思考的学生要多加鼓励。

3. 问题意识的落实

教师的课前准备：预设几个让学生提问的时间节点，准备几个学生可能会提出的问题。

课堂中的学生行为：让学生对情境、材料、教材说出自己的看法；对同学的发言提出自己不同的看法；对教师的说法提出自己不同的意见。

课堂中的教师行为：给时间和机会让学生对情境、材料、教材、同学的发言、教师的说法等提出不同的意见;对有问题意识的学生给予鼓励性评价。

4. 合作分享的落实

教师的课前准备:预设几个研讨的问题,设置几个合作学习的环节。

课堂中的学生行为:让学生在自主学习的基础上开展合作学习;在小组合作学习中充分发表自己的观点;善于与小组成员沟通与交流。

课堂中的教师行为:抓住自主学习中未解决的问题,展开合作学习;根据课堂情况适当修改预设的研讨问题;让学生展示合作学习的成果;对学生的表现给予恰当的评价。

5. 质疑探究的落实

教师的课前准备:预设几个探究的问题,设置适当的探究学习的环节。

课堂中的学生行为:让学生在自主、合作学习的基础上,在已有经验的基础上,解决具有一定挑战性的问题;让学生对已有经验和看法(他人和教材)产生质疑。

课堂中的教师行为:让学生讲出自己的疑惑;引导学生运用已有经验解决新的问题;对学生独到的观点和创造性的做法给予鼓励性评价。

6. 善于感悟的落实

教师的课前准备:明确教学内容涉及的正确价值观念、把握几个学生认识的误区。

课堂中的学生行为:让学生说出自己的感受和感悟;让学生举出具体的事例说明自己的感受和感悟;让学生在悟中学。

课堂中的教师行为:给机会让学生表达自己的感悟;对学生正确的感悟给予肯定评价,不正确的予以纠正。

7. 积极操作的落实

教师的课前准备:设计让学生动手做的问题,如课堂练习、实验操作等,设计学生活动的环节。

课堂中的学生行为:让学生在有想法、有说法的基础上,还应有做法;在课堂里动手操作;让学生在做中学。

课堂中的教师行为:将设计让学生动手做的问题提供给学生;引导学生动手做;让学生展示其作品;对学生的做法给予恰当的评价。

8. 总结建构的落实

教师的课前准备：对课堂学习的知识体系、方法和策略有一个系统的建构，制作好结构图或思维导图。

课堂中的学生行为：让学生制作知识结构图，建构方法和策略体系；让学生展示总结建构的成果。

课堂中的教师行为：不要直接出示知识结构图、方法策略体系图；给时间让学生建构、展示；对学生的建构行为与结果进行恰当的评价。

第一章

自主学习

　　课堂里，基础性、决定性的学习是自主学习，如果课堂里没有自主学习，那就不是以学生为主体、以学生的学习为中心的课堂。没有以自主学习为基础，合作学习、探究学习都只能流于形式。关注学生素养发展的课堂，必须是自主学习占主导地位的课堂。

自主性是人作为主体的根本属性，自主学习是自主发展的基本体现，没有自主学习就没有自主发展。自主学习能力并非先天特质，可以在后天训练中塑造和提升。课堂是培养学生自主学习能力的主阵地。培养学生自主学习的能力，是学生形成正确价值观、必备品格和关键能力的前提。

第一节　自主学习的基本内涵

自主学习是人的本能，从呱呱坠地开始，就开启了自主学习的尝试。从咿呀学语到自言自语再到有问有答，从蹒跚学步到跌跌撞撞再到欢蹦乱跳，从拿到手上看到放进嘴里咬再到咽到肚子里……自主学习的现象不胜枚举。可以说，自主学习与生俱来，相伴一生。自主学习能力并非一成不变的，是在学习训练中不断培养和提升的。

一、自主学习的含义

自主学习是指学习者自觉自主地习得具体的知识与技能，并在具体的社会情境中自发自动地对自身的思想、情感、行为及环境作出调适的意识和能力。自主学习具有自觉性、独立性和自控性。

自觉性是自主学习的基本品质，源于人们对知识的好奇心和求知欲。自觉性又称主动性，具体表现为"我想学"的心理需求。"我想学"首先表现为学习兴趣。例如我们把一台手机拿给一位一年级的学生，他即使看不懂这台手机的《使用说明书》，但他也会拨弄一番，迅速找到手机里的游戏项目，甚至上网。孩子们对电子游戏的兴趣，驱动着他们对手机、网络、游戏的喜爱和行动，这种出自内心需求和自我选择的学习就是自主学习。他们在这种自主探究学习中不厌其烦甚至乐在其中，越学越想学，越学越有劲。此外，"我想学"还表现为学习责任。学习是多方面的，我们并不是每时每刻都能从中感受到快乐。即使抱有兴趣和探索欲望，学习也不是轻而易举的事情。周恩来总理从小立志"为中华之崛起而读书"，呕心沥血而不变；陈望道先生立志翻译中国第一本《共产党宣言》指导革命，误把墨汁当红糖吃而不悔。他们对学习目标和意义的认识和认同，以及由此产生的对学习的积极主动态度、全神贯注作风和废寝忘食精神，就是学习责任。学习兴趣和学习责任相得益彰，一个有远大理想志向和明确学习目标的人，学习兴趣也会浓厚而持久，自觉性也更强。

独立性是自主学习的灵魂[1]，源自学生学习的主体性和独特性。独立性又称自立性，具体表现为"我可学"的思想意识。首先，学习是主体参与性的活动，学生是学习的主体，学习过程是学生主体性不断张扬、提升、发展和完善的过程，自主学习是主体教育思想在教学领域的反映。其次，每一个学生都是独立的个体，每个学生都有独立的需求，学生的健康成长也就是一个学习独立、争取独立和日益独立的过程。真正的学习必然是学生能主宰自己的学习，学生根据自己的个体差异以合适的方式开展学习，这是教师、家长、同伴不能替代也无法替代的事情。基于学生学习的主体性和独特性，"我可学"主要表现在学生对学习的自立思想和自理意识，例如自由思想、独立思考、自己感悟、自主选择、自我监督、自行负责等等。新时代的学生，自主意识发展很快，自我意识很强烈。学生不断增强的"我可以""我能行""让我来"的独立思想和主体意识，必然要求教师在课堂教学中尊重、信任、发展学生的主体人格，创造充足的时间和空间培养学生独立学习和独立解决问题的能力。独立性是相对于依赖性而言的，但自主学习不是自己学习。自主学习并非拒绝团队合作，并非远离学习伙伴，并非排斥学习指导，并非一个人孤单地学习。

自控性是自主学习的检验指标，源自学习者对为何学习、为谁而学、能学多久、学习什么、如何学习等问题的自觉意识和自我调控。自控性又称自律性，具体表现为"我能学"的能力品质。自主学习不能简单地理解为自愿学习或者放任自由地学习，不是想学就学、不想学就不学，也不是对什么知识感兴趣就学、不感兴趣就不学。"我能学"主要表现在学生对学习过程的自我规划、实施与调控，例如自主确定学习目标、自主制定学习计划、自主准备学习资料、自主安排学习时间、自主选择学习方法、自主调整学习进度、自主排除学习干扰、自主克服学习困难、自主完成学习任务、自主纠正学习失误等等。就在校学生来说，学习内容、学习时间、学习环境、学习伙伴、师资队伍等都不可能完全自主，如何克服客观条件的一些困难，发挥个人的主观能动性，调整自己的心态、情绪和行为，正是自控性的切实考验。

自主学习是"我想学""我可学""我能学"的有机统一，缺一不可。没有

---

[1] 余文森. 论自主、合作、探究学习 [J]. 教育研究，2004（11）：27—30+62.

"我想学"的内在需求，自主学习就无从谈起，"我不想学"的教学活动，就是"拉牛上树"，勉为其难；没有"我可学"的主体意识，学生如同无根之木、无魂之人，在"你不可学"的教学活动中，教师容易越俎代庖，喧宾夺主；没有"我能学"的能力保障，即使学生有很强烈的学习动机和需求，学习一曝十寒，也很容易走入"三天打鱼两天晒网"的困局，不可能顺利开展、持续进行、高效达成目标。总而言之，自主学习能力是学生在化被动为主动、化依赖为独立、化他律为自律的过程中不断培养和提升的。

二、自主学习的内容

自主学习的表现类别很多，课堂学习与课外学习的表现也有不同。在课堂学习情境中，自主学习的内容主要表现在三个方面。

一是自我驱动。从学习动机来看，自主学习是自我驱动型的[1]。求知欲、责任心、成就感、价值观等使得学生在课堂里积极、主动、自觉地实施和管理自己的学习活动，在学习起点上"不待扬鞭自奋蹄"，在学习过程中"衣带渐宽终不悔"，在学习目标上"不破楼兰终不还"。课堂教学中，教师一方面要善于利用学生天然的好奇心，通过问题、情境的巧妙设置激发学生的求知欲，调动学生主动学习的积极性；另一方面要善于培育学生的责任感，通过任务、目标的巧妙设置增强学生的成就感，培育正确价值观，引导学生树立自觉学习的正确态度，养成爱学好学的良好习惯。

二是自我反思。从学习主体来看，学生是学习的主人。学习是需要不断反思的活动，"学而不思则罔，思而不学则殆"。善于自主学习的学生常常"吾日三省吾身"。例如，对课堂学习的预期目标与实际效果的反思，对学习收获与付出的时间、精力的反思，对自己与同伴学习状态的比较，对学习结果的自我判断和自我纠错，等等。课堂教学中，教师"授之以鱼不如授之以渔"，要尊重学生、相信学生，切莫主次不分、舍本求末。

三是自我调控。从学习过程来看，策略和纪律是必要保障。俗话说"兵无

---

[1] 庞维国. 论学生的自主学习[J]. 华东师范大学学报（教育科学版），2001（2）：78—83.

常势，水无常形"，学习也是如此。自主学习能力强的学生通常能够根据课堂教学内容做好学习资料的准备，根据教学的安排全情参与学习活动，根据课堂的学习环境调整学习方法，根据自己的状态分配学习时间和精力投入，根据测评内容评价学习成果，等等。课堂教学中，优秀的教师往往是监督者而不是监视者，优秀的学生往往是自律型而不是失控型。

三、自主学习的意义

（1）自主学习是学生自我发展的内在需求。一方面，自立自理是每个人的根本需求，学习的过程就是不断摆脱依赖、走向自立的过程。自主学习符合学生的成长规律和认知规律，伴随学生终身。另一方面，每个人都是独一无二的个体，具有独特性和差异性，不同的学习者有不同的学习需求，同一个学习者在不同的学习环境或者学习阶段也有不同的学习需要，只有自主学习，才能满足人们个性化学习和独特性发展的需求。自主学习能力是核心素养体系的本质和核心，在核心素养的整体发展中具有不可或缺的引领和触发作用。[①] 学生要形成正确价值观、必备品格和关键能力，自主学习是关键之关键。

（2）自主学习是新型师生关系的具体表现。当今世界科学技术日新月异，新鲜事物层出不穷，互联网、人工智能正在深刻地改变人类的生产、生活和学习。新时代师生关系发生了很大变化，教师不再是知识的权威，课室也不再是学习知识和技能的唯一场所。在人人可学、时时可学、处处可学的时代，学生是学习的主人翁，教师是学习的设计者、指导者和帮助者，课堂是教师和学生在一定空间和时间里掌握知识、提升能力、形成品格的过程。教师和学生是教育活动中两个基本因素，自主学习体现了新型平等的师生关系。

（3）自主学习是教学质量提升的必要保证。著名教育家陶行知先生曾指出："我认为好的先生不是教书，不是教学生，而是教学生学。"在当今信息化、智能化时代，任何教育都不可能将所有人类知识传授给学习者，教育的任

---

① 郭文娟，刘洁玲. 核心素养框架构建：自主学习能力的视角［J］. 全球教育展望，2017，46（3）：16—28.

务必然要由使学生学到知识转变为培养学生的学习能力。自主学习是发展素质教育的关键，更是课堂教学之必需。课堂上的自主学习并非教师放任学生自己学习，而是指学生在课前做好预习、课上踊跃参与、课后查缺补漏，充分发挥主动性和积极性，变"要我学"为"我要学"的学习方式。实践证明，自主学习水平越高，学习过程和学习资源就越优化，课堂学习效率就越高，学生学习成绩就越优秀，教学质量提升就越强劲。

（4）自主学习是当今社会人才的必备能力。联合国教科文组织《学会生存——教育世界的今天和明天》一书指出"未来的文盲不是不识字的人，而是没有学会怎样学习的人"。终身学习一般不在学校里进行，也没有教师陪伴在身边，全靠一个人的自主学习能力。2021年11月10日，联合国教科文组织面向全球发布《共同重新构想我们的未来：一种新的教育社会契约》报告指出，世界正处于一个新的转折点，以数字技术为代表的颠覆性技术给教育带来重大影响，我们要革新教育教学模式，强调生态、跨文化和跨学科学习，支持学生获取和生产知识，同时培养他们批判和应用知识的能力。可见，自主学习这种贯穿生命始终的教学组织和学习方式，将长期在人类社会转型中发挥基础作用，成为终身学习和创造性学习的重要"引擎"。

马克思明确提出，人在本质上是自由的、自主的。充分尊重学生"我想学"的自然天性，充分信任学生"我可学"的主体意识，充分培育学生"我能学"的可贵品质，自主学习能力自然水到渠成，涓滴成河，成为学生成长源源不绝的动力之泉。

第二节　自主学习在课堂的实施

　　课堂是学生学习的重要场域，课堂学习是学生校园学习的主要形式。自主学习作为学生核心素养的重要组成，如何在课堂上落实并增进学生课堂的自主学习意识，促进学生自主学习能力，是提高课堂教学效果的关键，也是学生核心素养发展的内在要求。学生在学习活动之前自己能够确定学习目标、制订学习计划、作好具体的学习准备，在学习活动中能够对学习进展、学习方法作出自我监控、自我反馈和自我调节，在学习活动后能够对学习结果进行自我检查、自我总结、自我评价和自我补救，那么他的学习就是自主的。[1] 课堂组织实施中，学生在上课前能确定每堂课的学习目标、制定学习计划、熟悉学习内容、做好学习准备，在课堂中能够对学习内容进展、学习方法等进行自我反馈、评价和调节改进，课后能够对学习存在的疑难点进行自我检查，对所学知识进行自我总结，对缺漏知识进行自我补救，那么可以说这是自主学习的课堂。自主学习型课堂，与课前课后的学习活动是一个整体的过程。[2]

一、自主学习课堂实施的师生角色

　　构建有效的自主学习课堂，需要从学生和教师双主体视角出发，发挥学生自主学习的主体性和教师引导性。自主学习课堂是以学生自主学习为前提，学生在课堂上自主参与学习，通过自主研读、自主研讨、自主展示和自主评价等方式开展学习活动。课堂实施中，学生是课堂实施的参与者、探究者和学习者。教师在课堂组织实施中发挥着引导作用，通过创设情境、精选内容、应用方法和评价反馈等方式，引导并激励学生能够自主完成课堂内容学习，解决学习过程中的疑难问题。教师是课堂实施的策划者、组织者和监控者。

---

[1] 庞维国. 论学生的自主学习 [J]. 华东师范大学学报（教育科学版），2001（2）：78—83.
[2] 顾志平. 自主学习型课堂：优化师生教与学 [J]. 江苏教育，2018（3）：64—67.

二、自主学习课堂实施的目标

　　自主学习既可以理解为由学生自己决定学习内容、学习方法、学习强度、学习结果评价的学习方式，也可以理解为学生能够指导、控制、调节自己学习行为的能力与习惯。[①] 无论是前者的概念理解，还是后者的概念理解，都以学生自主学习课堂实施的目标为前提。课堂实施的目标决定了学生自己去决定选择学习内容、学习方法、学习强度、学习结果评价等，也决定了学生根据课堂学习目标要求，发挥指导、控制、调节自己学习行为的能力与习惯，完成学习任务，最终达到课堂学习目标。课堂实施的全过程中，课堂目标始终是引领学生课堂自主学习的关键点。课堂目标设置有两个维度，一个是教师维度，另一个是学生维度。教师如何确定自己课堂教学目标，学生如何确定自己课堂学习目标，且两者之间是协调统一，指向学生自主学习能力发展和习惯养成。教师在选择教学内容、创设教学情境、设置教学问题、选择教学方法、组织教学流程、应用教学评价等各环节中，要围绕自主学习课堂教学目标达成，目标始终贯穿教师课堂教学过程的始终。作为学习的主体，学生在教师课堂目标设置的引导下，根据个人能力和特点自主确定自己的课堂学习目标、自主选择学习内容、自主研讨问题、自主完成任务、自主开展评价，并能达到教师预设的课堂目标，即学生学习目标与教师教学的目标实现统一。

　　从认识、行为和能力视角看，自主学习课堂实施的目标要实现三个方面的转变。通过自主学习课堂实施，让学生对自主学习的认识和态度有改变和提升，增进自主学习意识，能把学习当做自己的职责和使命，要主动学习而不是被动学习。通过自主学习课堂实施，让学生在自主学习内容、自主探究问题、自主完成任务、自主开展评价、自主调节过程等课堂学习实践中，转变自己惯性的被动学习行为，实现主动学习、主动探究、主动反思、主动总结和提升。在自主意识指引下，以及学生自主学习行为的不断实践强化，自主学习能力将

---

① 周炎根，桑青松. 国内外自主学习理论研究综述［J］. 安徽教育学院学报，2007（1）：100—104.

得到有效提升。考虑学生的学习水平差异性，已有学习习惯和态度等差异性，自主学习课堂目标设置中要探索实施弹性目标。弹性目标要充分考虑学生差异性和差距，设置不同水平的学习目标，激发学生的学习积极性和主动性，让不同差异学生都能够在课堂上获得自我成效感，从而达到让不同差异水平学生都可以完成学习任务的目的。

三、自主学习课堂实施的过程

课堂实施包括课前阶段、课中阶段和课后阶段。自主学习课堂实施核心环节在课堂，但是课前和课后阶段是课堂实施不可或缺的组成部分，三个环节是相互衔接、紧密联系的有机整体。

（一）自主学习的课前准备

课堂实施中学生自主学习的有效发生，需要通过教师课堂实施前阶段做好课堂设计、创设学习情境、精选学习内容、选取学习方法、拟定组织流程，做好课堂实施突发事件的预案。

1. 创设自主学习情境

自主学习课堂情境创设因课型不同而具有不同特点。新课学习的情境创设，更多从新学习内容背景出发，通过拓展性知识和问题引导学生对新课内容学习。复习课学习情境创设侧重从已学知识出发，问题引领和任务驱动主要围绕旧知识和内容巩固、加深和更进一步层次理解。练习课讲解情境创设侧重问题习题的自查自纠、新练习题的巩固提升。因课型不同，教学方法也不同，在课堂自主学习情境创设中，要把内容与方法相结合，结合课堂教学目标，设置不同的问题情境、任务情境、评价情境、反思情境等。如高中政治课堂学习中国梦的本质，新课中课堂情境创设，可采取人物故事、家庭故事、企业案例、国际事件、区域发展和国家成就方面的各种政治素材，让学生在阅读案例素材过程中，找出中国梦的本质，即国家富强、民族振兴和人民幸福。复习课中的情境创设，由于学生已经对中国梦的本质有了认识和理解，则考虑以问题情境或者任务驱动情境引导学生自主学习，解决问题和完成任务，包括提供关于国家富强、民族振兴或人民幸福方面的政治素材，以问题探究或者任务研讨等方式，组织学生开展自主学习，完成课堂学习目标。练习课的情境创设，需要结合学生上节课或者近期学习练习中出现的问题，进行梳理归纳后，创设学生自主研讨习题，在学生自主反思或交流过程中自主分析问题、理解问题、化解问题的学习情境。

2. 精选自主学习内容

课堂实施过程中，由于学习内容难度存在不同层次水平，有些适合学生开展自主探索学习，有些更适合教师主导下的分析讲解，那么自主学习课堂内容要有选择性。对适合学生进行主动探索学习的内容，进行自主学习教学设计，并在课堂实施中组织学生自主学习。如某教师在小学英语某节课堂教学反思中指出"本节课是一节拓展阅读学习课，且难词难句量小，部分内容适合学生自主学习"。[1] 正是根据学习内容进行选择性设置课堂自主学习内容。除了学习内容本身的难度水平差异，学生本身也存在学习水平的差异，那么，课堂实施过程中，要结合学生的不同特点设计多层次的教学内容，以便于不同学生能根据自身特点选择教学内容。在高中政治课上，有个内容框节为新民主主义革命的胜利，在自主学习内容选择上，关键事件、关键时间、代表性人物等可以让学生自主学习，但是有些内容理解难度较大，如新民主主义革命胜利的标志为什么是新中国的成立，很多学生会困扰在新中国成立不是社会主义的开始了么，怎么理解是新民主主义革命的胜利呢？在学生困扰而无法辨析的课堂内容学习中，自主学习实施开展存在困境，需要教师对难点进行更深入的分析，而不适合纳入学生自主学习内容。另外，自主学习内容的精选和设置中，还要考虑内容设置的衔接性，即教师在学材制作时即使是很简单的内容也不能跳跃教学步骤，并且在结束时需要对学习内容进行总结，强调重难点。[2] 即在内容设置中，不能出现知识学习的跳跃，而是要形成知识结合的套环，环环相扣。

3. 选取自主学习方法

自主学习课堂要遵循相关的学习理论，选取合适的自主学习方法。行为主

---

[1] 庞敬文，王梦雪，唐烨伟，解月光，王伟. 电子书包环境下小学英语智慧课堂构建及案例研究[J]. 中国电化教育，2015（9）：63—70+84.
[2] 董黎明，焦宝聪. 基于翻转课堂理念的教学应用模型研究[J]. 电化教育研究，2014，35（7）：108—113+120.

义学习理论、发现学习法理论、建构主义学习理论等都是与自主学习相关的理论，那么就会形成不同的学习方法。行为主义学习理论认为学习是一个循序渐进的过程，学习进程的步子要小，认识事物要由部分到整体。强化是学习成功的关键。教学就是要为学生提供各种规定的学习情境，进行循环往复的行为控制或过程控制，尽可能地强化学生的合适行为，消除不合适行为。那么根据行为主义学习理论，自主学习课堂实施过程中，在内容安排、问题设置、任务安排等各环节或情境创建中，要采取小步子、多强化等方式，引导学生自主学习。发现学习法是指教师向学生提出有关问题或设置一定的教学情境，引导学生主动学习、搜索有关学习资料，通过思考，自己去体会、发现和探究事物的原理、特性等的教学方法。[①] 在发现学习法理论支撑下，课堂实施以探究性学习为主要教学方式，通过问题引领、情境创设等让学生完成自主学习任务。建构主义学习理论强调学习的主动性、实践性、创造性和社会性，这就对教学提出了更高的要求，需要老师调动学生的积极性，发掘他们的创造潜力，引导他们在互相合作中建立足够的联系。建构主义还认为，知识不是通过教师传授得到，而是学习者在一定的情境即社会文化背景下，借助其他人（包括教师和学习伙伴）的帮助，利用必要的学习资料，通过意义建构的方式而获得。[②] 那么在自主学习课堂实施过程中，方法上强调学生的自主合作、强调学生已有经验的理解和重构，经验理解和重构是学生自身完成的，并注重学生自主反思性学习。因此自主学习课堂上要侧重发挥教师协调作用和引导作用，关键发挥学生自主学习和知识自主构建，从而达到课堂问题解决和任务完成。

（二）自主学习的课堂实施

自主学习在课堂中实施，关键环节包括课堂导入、课堂研讨和课堂展示。课堂导入以教师情境创设为前提，引导学生开展自主学习，清晰学习任务、明确学习目标、选取学习方法等。课堂研讨和展示是学生课堂自主学习行为的外显，也是重要的课堂实施环节，需要教师预设好学生自主学习、研讨和展示时间，给予合理且相对充足的时间和空间让学生独立思考和创新。

---

① 王佳. 实训类项目教学阶段性成果间的关联策略研究 [D]. 湖南师范大学, 2016.
② 陆丽娜. 基于"云平台"的初中英语作文深度建构教学实践研究 [D]. 南京师范大学, 2017.

1. 自主学习的课堂导入

课堂导入是激发学生学习的关键，也是课堂实施中引领学生课堂自主学习的首要环节。课堂实施过程中，导入的方式多样，如情境导入、问题导入、任务导入、"情境＋任务"导入、"问题＋任务"导入等。如何设计导入的环节？一方面需要结合课堂学习内容，另一方面要依据教师个人教学特点进行安排。如情境导入，以学生经验为前提，从学生真实的生活学习场景中或者已有学习经验中找到导入课堂内容的切合点，具体通过视频、故事、游戏、图片、音乐等方式切入课堂学习内容，并引导学生开展通过情境分析进入自主研讨环节。高中政治关于中国梦的本质知识学习中，情境导入可以播放中国航天、中国举办各类国际博览会、山区人民脱贫致富等视频，或者观看有关图片，也可以通过讲述故事等方式，让学生自主研讨并分析案例中如何体现了中国梦的本质，或者组织学生讲述家里三代人生活的改变，再分析与中国梦的关联等。问题导入也是自主课堂实施的有效途径之一，通过问题设置引导学生进入自主学习内容，并在解决问题过程中研读知识、寻找答案、研讨分享不同观点。什么是中国梦？中国梦的本质是什么？国家富强如何体现？民族振兴如何体现？人民幸福为什么是中国梦的本质内容？这一系列问题引导着学生从不同角度去学习和理解中国梦的本质。再如任务导入，也是自主学习课堂的重要方式，如"课中任务单""导学案"等课堂上的应用就是典型的任务导入手段。

2. 自主学习的课堂研讨

完成课堂导入环节后，随即进入到课堂中的第二个环节，即课堂研讨。根据课堂实施导入的方式形成不同类型的研讨，情境导入课堂后开展的是情境分析与研讨，问题导入课堂后开展的是问题分析与研讨，任务导入课堂后开展的任务分析与研讨。情境导入完成后，学生进入到对情境案例、视频、故事等事件的研讨分析。问题导入完成后，学生进入到根据问题导入的新内容进行研讨分析。通过任务导入中，课中任务单完成后，学生会依据"课中任务单""导学案"等开展学习研讨活动，形成学习成果，完成知识内化。课堂研讨要有组织和规则，如研究者指出在研讨的过程中，教师要做好倾听、引导、追问等工作，让研讨深入有效，并训练学生的高阶思维能力。① 因此，课堂研究组织分工和流程安排十分必要，详细具体的研讨组织安排能够确保课堂上学生自主学习的针对性和有效性。具体来看，包括制定具体的研讨小组自主学习分组规则、选定研讨小组组长、确定自主学习分组组长、清晰组长职责、发言人遴选规则和职责、记录人遴选规则及职责、一般组员的职责等，根据有关规则和职责组织实施课堂上的自主学习研讨环节。

3. 自主学习的课堂展示

学生展示学习成果是自主学习课堂实施中的重要环节，也是学生自主学习知识和能力生成的关键环节。自主学习课堂实施中，通过多形式导入并开展相应研讨后，学生自主学习行为在课堂已然发生，如何让学生能够更加充分地把自主学习成果展示出来，增进学生自主学习的自我效能感，也作为教师了解和评价课堂实施目标达成和任务完成的重要参考依据？组织好学生课堂展示显得尤为关键。课堂展示途径多样，按照展示范围看，可以分为结对展示、小组展示和班级展示。结对展示即学生相互之间、两两结对后相互把自己学习所理解的观点、思想和问题解决方式等告知对方。小组展示在学习小组内实施，要求小组内有组织、有规则地实施开展，明确组长职责并由组长组织小组内进行学习成果展示。班级展示在小组展示基础上，选取小组代表对共性问题或难点问题进行展示。从展示的具体操作手段看，可以分为答问展示、陈述展示、表演展示、写的展示等。答问展示采取问答方式，无论是结对、小组内讨论或者班内展示，都可以采取生生相互之间提问并答问展示，或者师生之间答问展示。陈述展示由学生代表在小组内或者班内进行问题解答的陈述或者任务完成的陈述等。表演展示则是通过活动表演方式，学生完成问题或者完成任务的展示。写的展示要求学生把问题解决的思路和过程写出来，把任务完成的情况写出来。任何展示的方式都要有组织实施流程，教师在学生展示过程中要有针对性指导，展示前要做好基础性学习的准备，展示过程中要对问题进行查漏补缺，展示后要组织对展示效果的及时评价和奖励。

---

① 李彦敏. 慕课与课堂教学融合的行动研究——以高校"现代教育技术"公共课为例 [J]. 现代教育技术，2017，27（9）：93—99.

（三）自主学习的课后延伸

自主学习课堂实施要延伸至课后阶段，主要包括解答疑问、检查学习任务完成情况、对所学知识内容进行查漏补缺。

1. 自主学习的课后解疑

自主学习的课后延伸，要预留时间给学生进行解疑答惑。在课堂研讨和学习成果展示过程中，由于时间的有限性，教师不能确保在课堂上回应每个学生的问题或解决全部问题，那么存疑的解决需要在课后完成。答疑的对象既可以是教师，也可以是学生。教师课后解答学生疑问分为当天答疑、每周答疑或者在线答疑三种方式。当天答疑是面对面的及时答疑，是最佳的解决课堂阶段学生自主学习问题的手段，学生在课堂上存在的各种问题可以及时进行解决，但是学生每天的课外安排十分有限，学生每日寻求教师答疑存在困难。那么，学生可以把课堂问题和课后练习中的问题相结合，采取向教师每周寻求答疑的方式，每周答疑既可以通过课后时间，也可以通过教师创设的微信、钉钉等各种答疑信息化平台。学生答疑是对教师答疑的有效补充，更是拓展学生自主学习的有效举措。继续发挥学习小组课外研讨学习作用，已掌握知识或者理解问题的学生，在课外研讨过程中或者结对指导中，帮助未能及时理解问题的学生提供答疑。小组内无法解答的问题可以跨组进行研讨，学习小组间实现答疑互助。

2. 自主学习的课后检查

课后检查是课堂实施的有益补充，也是发现学生学习问题和解决问题的前提条件。自主学习课堂实施过程中，学生学习依照教师设计开展，由于每个环节的时间是有限的，课堂活动期间无论是学生研讨或者是教师答疑引导等都不能把全部问题进行挖掘、反馈和分析解决，那么课堂结束后，针对课堂学习内容、学习方法、学习效果等各方面的问题检查和反思显得尤为关键。而课后检查也是有效的复习方式，能够促进学生提高自主学习效率。课后检查有两种形式，一种是学生自主检查，包括学生的自我反思、结对检查、组内检查。另一种是教师检查，教师通过布置任务、开展日问和周测等方式进行学生自主学习的课后检查。学生自主检查可以诊断课堂学习的效果、反思存在的问题、总结改进的方法，为自己下次自主学习提供更好的经验。教师课后检查不仅可以更加清晰学生的自主学习基本情况，了解学生学习特点和问题，对学生自主学习起到课后督查作用，其实际上也是对自我教学的审视，可以对自己教学设计、实施组织、过程评价等整个过程进行诊断分析，及时调整课堂教学设计和实施过程中不合理的地方、优化效果不突出的环节等。

3. 自主学习的课后补漏

课后补漏被认为是巩固学生已学的知识，因人施教，帮助学生解决学习中遇到的困难。通过抓住薄弱环节，对症下药，最终达到标本兼治。[①] 自主学习课堂的课后补漏，针对两类学生群体，一类是基础薄弱的学生在课堂学习完成后，不能很好地理解和掌握要学习的知识。另一类是课堂学习完成后还存在难点问题、难点知识需要进一步补充学习。在政治课堂上，对于学习基础比较薄弱的学生，对新民主主义革命和社会主义革命的理解存在困难，无法辨析新民主主义革命和社会主义革命的特点和标志性事件，那么需要通过课后的补漏对这方面的知识进行补充学习。也有在数学课堂上，经历过课堂的自主学习之后，还存在数学问题没有解决，对数学计算方法、解题思路和内在逻辑规律无法理解，那么需要对难点问题的补充学习。无论是基础薄弱产生的课堂知识补漏，还是难点问题和知识导致的补漏，都需要发挥教师的引导作用，对难点知识和难点问题进行梳理，设计学生自主学习课堂后的补漏环节，为学生更好地理解和掌握漏缺知识提供支持。

四、自主学习课堂实施的评价

评价是自主学习课堂实施不可或缺的环节，是自主学习课堂效果提升和课堂实施环节不断优化改善的重要保障环节。自主学习课堂评价包括自主性评价和教师评价两种主要方式。自主性评价是基于学生作为评价主体，在自主学习实施的环节中，通过结对学习、小组学习等方式，结对学习过程中学生相互评价，小组学习中安排学生评价角色，负责小组学习过程的自主监督和反馈。教师评价是站在教的视角，从教师设计环节与实施过程的切合度，课堂学习是否

---

① 许华先. 政治课教学的三步曲 [J]. 扬州教育学院学报，2001（3）：67—68+81.

达成预期目标，或者课堂实施过程的每个具体环节中是否实现了设计目标，学生学习的效果反馈和表现行为是否良好等方面，进行更加有针对性的评价和反馈，从而及时调整课堂实施策略，提高学生自主学习课堂的有效性。在评价实施过程中，课堂实施的动态性决定了评价是随着课堂实施推进而改变的，即属于动态性评价，更多关注学生自主学习课堂实施的过程情况。课堂结束后，针对自主课堂整体实施情况进行总体性评价，更侧重课堂的整体效果。自主学习课堂评价融合了过程性评价和结果性评价，两种评价的有效结合更有益于课堂组织实施并取得成效。

第三节　案例分析

自主学习课堂包括课前准备、课中实施和课后延伸。自主学习课堂实施核心环节在课堂，课前和课后也是课堂实施的重要组成部分，三个环节是相互衔接、紧密联系的有机整体。下面以人民教育出版社义务教育小学《数学》四年级下册《鸡兔同笼》为例加以分析。

一、教学内容

人民教育出版社义务教育课程标准小学《数学》四年级下册第103至105页《鸡兔同笼》。

二、教材简析

"鸡兔同笼"问题是我国民间广为流传的有趣的数学问题。一方面，通过生动有趣的历史趣题感受我国古代数学文化；另一方面，在解决问题的过程中，掌握解决问题的不同方法和策略。教材以富有趣味的生活问题，激发学生探究的欲望。

分析：

自主学习课堂内容要有选择性，甄别合适的内容再进行自主学习教学设计，并在课堂实施中组织学生自主学习。《鸡兔同笼》这部分的内容较为适合学生进行主动探究学习。

三、教学目标

（1）经历自主探究解决问题的过程，体验解决问题策略的多样化。

（2）在解决问题过程中，体会数形结合的数学思想，增强合作意识和逻辑推理能力。

（3）了解鸡兔同笼问题，感受古代数学问题的趣味性，激发对数学学习的兴趣。

（4）体会数学问题在日常生活中的应用，进而体会数学的价值。

分析：

自主学习的教学目标设置要指向学生自主学习能力发展和习惯养成。从认识、行为和能力视角看，自主学习课堂实施的目标要实现三个方面的转变。通过自主学习课堂实施，让学生对自主学习的认识和态度有改变和提升，增进自主学习意识，能把学习当做自己的职责和使命，要主动学习而不是被动学习。

四、教学重点

掌握列表法、假设法解决鸡兔同笼的问题。

五、教学难点

能运用假设法解决鸡兔同笼问题。

六、教具、学具准备

课件 PPT、学习单、自主学习评价表。

七、教学过程

说明：

自主学习在课堂实施的课中阶段，关键环节包括课堂导入、课堂研讨和课堂展示。课堂导入以教师情境创设为前提，引导学生开展自主学习，清晰学习任务、明确学习目标、选取学习方法等。课堂研讨和展示是学生课堂自主学习行为的外显，也是重要的课堂实施环节，需要教师预设好学生自主学习、研讨和展示时间，给予合理且相对充足的时间和空间让学生独立思考和创新。

（一）创设情境，引出问题

师：((PPT 播放)视频"鸡兔同笼"小故事)"今有雉兔同笼，上有三十五头，下有九十四足，问雉兔各几何？"

析题：笼子里有若干只鸡和兔，从上面数，有35个头，从下面数，有94只脚。鸡和兔各有几只？

师："这是我国古代数学名著《孙子算经》的一道数学趣题，有信心解决这道难题吗？"

生：(齐答)"有"。

师："好，今天我们一起来研究'鸡兔同笼'问题。(板书课题并用PPT出示例题)例题：鸡兔同笼，上有8头，下有26足，鸡、兔各几只？"

分析：

在课堂自主学习情境创设中，要把内容与方法相结合，结合课堂教学目标，设置不同的问题情境、任务情境、评价情境、反思情境等。课堂伊始，教师直接明了地创设问题情境，吸引学生的注意力，激发学生的好奇心。

（二）自主探究，寻求解法

1. 阅读理解

师："请同学们细细读题，从中知道什么信息？"

师生共同整理已知信息（生说师板书）：

> 8个头
>
> 26只脚

问题：鸡和兔各有几只？

师："还能知道什么信息？"

挖掘隐藏的信息（生说师板书）：

> 每只鸡有2只脚
>
> 每只兔有4只脚
>
> 8个头是鸡和兔合起来的

2. 自主探究

师："已知、问题都搞清楚了，接下来你们各显身手，看谁有办法，只要能找到答案，什么方法都行。"（提供"学习单"）

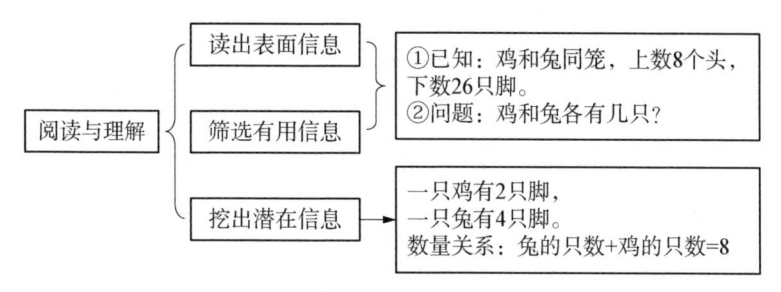

```
                ┌─ 读出表面信息 ──→ ①已知：鸡和兔同笼，上数8个头，
                │                      下数26只脚。
   阅读与理解 ──┼─ 筛选有用信息          ②问题：鸡和兔各有几只？
                │
                └─ 挖出潜在信息 ──→ 一只鸡有2只脚，
                                       一只兔有4只脚。
                                       数量关系：兔的只数+鸡的只数=8
```

图1-1 "鸡兔同笼"思维导图

　　独立思考：根据已有信息猜一猜，笼子里可能会有几只鸡、几只兔？可以尝试画图、列表等方法。

　　分析：

　　由于学习内容难度存在不同层次水平，有些适合学生开展自主探索学习，有些更适合教师主导下的分析讲解，因此，要注意选取合适的内容进行自主学习。此课就是通过问题引领、情境创设等让学生完成自主学习任务。教师鼓励学生"只要能找到答案，什么方法都行"，不仅充分调动学生的学习兴趣，积极投入到探索中去，而且能够让不同思维水平的学生都乐意参与其中，主动尝试去寻求解题方法。

　　3. 组内交流

　　PPT出示：小组自主研讨任务

　　(1) 以4人小组为单位，每人先说说自己猜测的结果，并展示自己的方法；

　　(2) 认真倾听同伴的发言，小组内讨论各人猜测的结果对不对；

　　(3) 由组长汇总后，选派代表进行全班展示。

　　分析：

　　制定具体的研讨小组自主学习分组规则和任务分工职责，确保课堂上学生自主学习的针对性和有效性。此环节中设计小组自主研讨任务，既调动每位学生参与讨论的积极性，又促进养成认真倾听、小组合作的良好习惯。

　　4. 全班展示

片断一：以问促思，激发思维火花

　　师：看哪个小组能结合本组研讨情况，结合个人的思考过程，来进行全班展示。

组1代表：我用列表的方法逐步推试。

师问：是如何推试的？请上来展示说明。（提供"学习单"板演用）

组1代表（边说边展示）：假如有1只兔、7只鸡，那么脚的总数是18只，与条件不符。

师追问：请问"与什么条件不符"？

组1代表：与"下有26只脚"不符。

师：哦，原来是与"下有26只脚"这个已知条件不相符。好的，请继续。

组1代表：假如有2只兔、6只鸡，脚的总数是20只，与条件不符；假如有3只兔、5只鸡，脚的总数是22只，与条件不符。

师继续问：请先停一停，有没有发现什么？

组1代表：我发现，增加一只兔、减少一只鸡，脚的总数就增加2只。

师：大家听明白了吗？（学生回应听明白了）哦，原来是有规律的。接着呢？

组1代表：假如有4只兔、4只鸡，脚的总数是24只，还是与条件不符；假如有5只兔、3只鸡，那么脚的总数是26只，与已知条件相符。

师再问：那还需要继续找吗？继续找下去，会怎样？

表1-1 列表法计算"鸡兔同笼"（一）

兔的数量	鸡的数量	脚的总数
1	7	18
2	6	20
3	5	22
4	4	24
5	3	26
……	……	……

组1代表：不用了。如果继续找下去，脚的总数会越来越多。

师：那你的答案是——

组1代表：笼子里有5只兔、3只鸡。

师：同意吗？有跟这位同学想法一样的吗？

组2代表：我的想法和这位同学差不多，但也有一点不同。

师：来来来，请上来。

组2代表：（走到黑板前，在"学习单"演示板前边说边写）。我是先假设有1只鸡、7只兔，那么脚的总数是30只，与条件不符；假设有2只鸡、6只兔，脚的总数是28只，与条件不符；假设有3只鸡、5只兔，脚的总数是26只，与条件相符。

表1-2 列表法计算"鸡兔同笼"（二）

鸡的数量	兔的数量	脚的总数
1	7	30
2	6	28
3	5	26
……	……	……

师：大家看明白了吗？跟刚才那个小组找出来的结果一样吗？

生1：结果是一样，也是3只鸡、5只兔。

师：不错。这样推试的话，脚的总数又如何变化？

生2：每增加一只鸡、减少一只兔，脚的总数就减少2只。

师：嗯，归纳得好！

师设问：两个小组的代表都用了列表法，感觉如何？

生：感觉第二种列表法能更快找到答案。

分析：

在研讨交流过程中，教师要做好倾听、引导、追问等工作，让研讨深入有效，并训练学生的高阶思维能力。学生的思维活动总是由问题引起的，又在不断分析和解决问题的过程中得到发展。在这个环节中，教师恰当、有效的提问，一方面引导学生发现了"每增加一只兔、减少一只鸡，脚的总数就增加2只"或是"每增加一只鸡、减少一只兔，脚的总数就减少2只"的规律；另一方面，学生对两种解决方法的讨论、对比，体会到虽然两种列表法解题思路有近似之处，实际是两种不同的解题策略，促进了学生的思维能力的提升。

片断二：顺势妙引，导出精彩火花

师：还有不同于列表的方法吗？

组3：我们小组是用画图的方式。

师：画图也能解决？期待分享你们组的方法，请代表上来画一画、说一说。

组3代表（学生走上讲台用投影台边画边说，如图1-2）：先画8个圆圈，代表8个头，再画26个小三角形，代表26只脚。接着先把4个小三角形连1个圆圈头表示1只兔，2个小三角形连1个圆圈表示1只鸡，这样连下去，后面剩下8个小三角形，2个圆圈，分别连给2个圆圈，正好连完。得到5只兔，3只鸡。

图1-2 画图法计算"鸡兔同笼"（一）

师：大家觉得这样可行吗？

其他生：可以啊，我觉得画图方式很直观，一眼就能看出有几只兔、几只鸡。

师：这位同学不仅看得仔细，而且还很会欣赏哦。

组4代表：老师，我们组有不同的画图方式。

师（笑着说）：哦，原来画图还有不同的，请展示。

组4代表：我们是这样画图的，（在黑板上边画边解说）我先画8只鸡……

师：不好意思，先打断一下，鸡就是鸡，兔就是兔，画8只鸡？怎么把兔变成了鸡呢？

组4代表：我是假设8只都是鸡，那就共有16只脚（见图1-3）。还少了10只，把这10只脚平均添给后面的5只鸡，把5只鸡变成5只兔。这样就得到

3只鸡，5只兔（见图1-4）。

图1-3 画图法计算"鸡兔同笼"（二）

图1-4 画图法计算"鸡兔同笼"（三）

分析：

画图的思想方法是小学生学习数学的一种需要。在教师适时适度的引导下，学生勇敢地走上讲台画出来，自信地说出自己的想法。因此，只要教师的引导得法，便能充分体现学生学习的主体地位，导出精彩的思维火花，引出学生的思维成果。

片断三：和谐交流，导得自然生成

师：看了前面的列表法、画图法，还有不同想法吗？

组5代表：我认为大家刚才的方法都可以，只是觉得列表、画图的方法太费时间了，我们小组直接列算式解答。

师：哦，新方法？如何列式？

组5代表：我列的算式是：$(8×4-26)÷(4-2)$。我是这样想的，假设8只都是兔，有32只脚，比实际多出6只；是由于把鸡假设成兔每只多了2只脚，用多出的6只脚除以2就算出有3只鸡，再用8减3得到5只兔。

师：大家听明白了吗？

其他生点头回答：解释得很清晰。（掌声鼓励）

师：你们的掌声已经告诉我这方法可行了。那还有别的列式吗？

组6代表：我们组也是列算式，但列的算式不一样，我先假设8只都是鸡，就有16只脚，比实际少了10只，由于每只兔假设成鸡少了2只脚，所以用10除以2得到5只兔，算式是：(26－8×2)÷(4－2)，然后8减5算出3只鸡。

师：同样是列算式，原来想法不同，列出的算式不同，但算出的结果却是相同的。有什么窍门吗？

组7代表：我们可以归纳出——

鸡的只数 =（头的总个数×4－脚的总只数）÷(4－2)

兔的只数 =（脚的总只数－头的总个数×2）÷(4－2)

师：你们实在太棒了！还把公式归纳出来了，这样的话，装再多的鸡、兔，也能快速计算出鸡、兔各多少只了。

分析：

陈述展示由学生代表在小组内或者班内进行问题解答的陈述或者任务完成的陈述，让学生能够更加充分地把自主学习成果表达出来，增进学生自主学习的自我效能感，也作为教师了解和评价课堂实施目标达成和任务完成的重要参考依据。

5. 小结归纳

师：我们来回顾一下，通过大家的共同努力，找到了"列表、画图、算式"三种不同的解法，看来古代的数学难题也难不倒大家。

分析：

数学建模是解决问题常用的一种方法，使数与形很好地结合起来。在前面运用猜想、假设的思想方法解决"鸡兔同笼"问题的基础上，学生归纳出解决此题的数学模型。

（三）课堂测评

（1）自主看书选用自己认为便捷的方法解决书本第103页《鸡兔同笼》问题。

（2）两两核对自评。

分析：

课堂评价：自主学习课堂评价包括自主性评价和教师评价两个主要形态。自主学习课堂评价融合了过程性评价和结果性评价，两种评价的有效结合更有益于课堂组织实施并取得成效。

（四）运用新知，解决问题（课堂练习）

（1）第105页做一做第1题。

（2）第105页做一做第2题。

分析：

自主学习课堂实施要延伸课堂练习或课后阶段，主要包括解答疑问、检查学习任务完成情况、对所学知识内容进行查漏补缺。通过了解"龟鹤算"问题和完成练习题，检查学生能否利用"鸡兔同笼"的方法灵活地解决类似的问题。

（五）课后拓展

师：课后请同学们阅读书本第105页的资料，了解古人是怎样解决鸡兔同笼这个问题的。

（六）总结回顾

师：今天我们学习了什么内容？有什么收获？

生：（略）

师：今天通过解决鸡兔同笼的问题，发现原来可以通过枚举"凑"出答案，画图"画"出答案，列算式"算"出答案。数学问题在日常生活中的应用还有很多很多，我们以后继续一起去探讨。放学回家后，也可以考一考爸爸妈妈今天的鸡兔同笼问题，跟爸爸妈妈分享一下你的解题方法。

分析：

课堂结束后，针对课堂学习内容、学习方法、学习效果等各方面的问题检查和反思也是自主课堂学习的关键环节。课后检查也是有效的复习方式，能够促进学生提高自主学习效率。

本课通过自主学习课堂实施，让学生在自主学习内容、自主探究问题、自主完成任务、自主开展评价、自主调节过程等课堂学习实践中，转变自己惯性的被动学习行为，实现主动学习、主动探究、主动反思、主动总结和提升。

● 附1：

《解决问题——鸡兔同笼》学习单

学号：_____ 姓名：_____

一、用列表法解决"鸡兔同笼"的问题

_____的数量	_____的数量	脚的总数

通过列表法，你发现了什么？
_____

答案是：鸡_____只，兔有_____只。

二、用画图法解决"鸡兔同笼"的问题

答案是：鸡_____只，兔有_____只。

三、用假设法解决"鸡兔同笼"的问题

1. 假设全是鸡，脚有_____只，少了_____只脚，一只鸡比一只兔少_____只脚，鸡有_____只，兔有_____只。

2. 假设全是兔，脚有_____只，多出_____只脚。一只兔比一只鸡多

_____只脚，兔有_____只，鸡有_____只。

四、用列式法解决"鸡兔同笼"的问题

_____

_____

● 附2：

自主学习评价表

	自评	互评
认真聆听	☆☆☆☆☆	☆☆☆☆☆
积极发言	☆☆☆☆☆	☆☆☆☆☆
合作分享	☆☆☆☆☆	☆☆☆☆☆
解法正确	☆☆☆☆☆	☆☆☆☆☆
策略多样	☆☆☆☆☆	☆☆☆☆☆

第二章

独立思考

学生在课堂里，不只是听教师讲课，也不只是听同学发言，而必须独立思考。没有学生独立思考的课堂，不是好课堂。教师要营造学生独立思考的情境、提供独立思考的材料、提出独立思考的问题，让独立思考成为学生的课堂学习习惯，让独立思考能力成为学生的核心素养。

爱因斯坦曾断言，教育的首要目标永远是独立思考和判断，而非特定的知识。社会飞速发展，不确定性增加是未来社会的典型特征。通过教育培养能够独立思考，具有独立人格的个体以应对充满不确定性的未来显得尤为重要。课堂教学是培养学生独立思考能力的主要途径，主要通过学习环境的创设、思考路径与方法的引导、教学设计与课堂实施三个方面进行落实。

第一节　独立思考的基本内涵

我们正在经历一个快速变化的时代。这个时代的典型特征是未来的不确定性正在逐步增加。未来已经不再是一个遥远的名词，而就在明天。未来的不确定性一方面给人们留下许多遐想空间，让许多想象变成现实，但同时也让人们对未来产生担忧，害怕无法应付未来。面对未来的不确定性，我们的观念需要持续更新，我们的技术需要持续迭代升级，我们的教育同样需要深刻变革。传统教育中单纯为学生进行知识储备的观念已经明显落伍，通过教育培养能够独立思考，具有独立人格的个体显得尤为必要。因为只有独立思考的个体才能在不确定性的未来中从容不迫，才能应对变化不定的挑战。

一、独立思考的特征

1936年10月15日，美国举办高等教育300周年纪念会，著名科学家爱因斯坦在纽约奥尔巴尼市政府教育大厦校长厅举行的庆祝会暨纽约州立大学第72届毕业典礼上发言，发言的主旨思想是教育的首要目标永远是独立思考和判断，而非特定的知识。李开复去卡内基·梅隆大学读博时，院长问他读博士的目的是什么后，否定了他回答的写出重量级论文、在某一领域研究出重要成果等一系列答案。院长告诉李开复："是你分析和独立思考的能力，即便有一天你不再在研究这个领域，你依然能够在任何一个新领域做得很好。"其实我国伟大教育家孔子很早就提出，"学而不思则罔，思而不学则殆"，强调了思考的重要价值。被誉为"近代科学的始祖"的法国哲学家笛卡尔，提出了著名的哲学论断"我思故我在"。这一论断之所以成为经典，关键在于强调了"我思"的价值。

学者们对独立思考的内涵理解和界定不尽相同。有学者认为独立思考是个体能够超越感性生活的表象世界而对客观规律获得真知，并对于真正的"好"

生活进行合理构建。① 有学者认为独立思考是一种能够打破惯性的批判性思维模式。② 也有学者认为独立思考是一种综合能力，它表明个体善于摆脱思维的盲目性，能面对不同的情境，运用不同的思维模式、方法和技巧独立地提出问题，独立地、创造性地进行研究，独立地探索解决问题的新途径。③

尽管学者们对独立思考的内涵和外延的理解并非完全一致，但通过综合以上学者的意见，我们认为独立思考存在以下几个特征：

一是彰显个体的主体性和独立性。独立思考可以提升个体主体性，符合现代社会人追求个性的时代特征。

二是体现出高阶素养。独立思考是个体的高阶素养，直接关涉个体未来的创新能力，进而影响国家的创新能力。

三是折射出可培养性。无论把独立思考界定为"思维"还是"能力"，均折射出可以通过适当的教育干预对个体进行培养和塑造。

二、独立思考的意义

西方发达国家非常重视国民独立思考能力的培养，积累了一些宝贵经验。以荷兰为例，荷兰是世界有名的低地之国，但它特别重视培养国民独立思考能力，要求国民从小"勇敢地打开眼界，面对世界的挑战，用自己的方式创造自己的世界"。④ 这甚至已经形成了荷兰的创新精神，帮助荷兰总是能创新性地解决一些难题，支撑了荷兰国家的强大。譬如，荷兰国土面积狭小，需要向海洋争取生存空间，他们创造出许多行之有效的填海造陆、保护堤坝的好办法。2005年，卡崔娜飓风席卷美国，美国政府专门邀请荷兰专家提供保护堤坝的方案。荷兰国民强大的独立思考能力的形成除了政府重视以外，还有来自家庭教育和学校教育的重要作用。在家庭教育方面，对于荷兰父母而言，教养的目的

---

① 陈凡，刘国章. 系统思维对于独立思考精神的构建［J］. 系统科学学报，2012，20（03）：20—23.
② ［美］朱迪丝·博斯. 独立思考：日常生活中的批判性思维（第2版）［M］. 商务印书馆，2016.
③ 沈喜华. 初中数学教学中学生独立思考能力的培养［D］. 湖南师范大学，2008.
④ ［荷］韦岱思. 独立，是最好的教养［M］. 北京．北京理工大学出版社，2019：5.

就是要把对大人完全依赖的孩子，培养成社会独立的成员，在社会上要独立，必须要打开眼界，勇敢地面对社会中的各项挑战，培养独一无二的思考能力，以创造自己的价值。[①] 学校教育在培养个体独立思考能力方面发挥重要作用。2014 年，荷兰教育部宣布"中小学生 2032 教育计划"，这个计划的重要目标之一就是进一步培养学生独立追求知识的能力，希望学生能够自主学习、自我教育以适应未来社会发展需求。

我国历史上长期重视"师道尊严"，奉行"以师为主"的教育教学模式，相对忽视了个体的独立思考能力培养。我们通过回顾基础教育办学历史可以发现，部分教育行政部门长期奉行"分数至上"，对区域内的义务教育学校"以分数论英雄"，并作为考核学校和校长的量化指标。部分学校上行下效，将学生考分作为考核教师的法宝。一些教师则习惯扮演"知识权威者"角色，过分追求教育教学的过程流畅性，把学生视为"空白纸"，"教师主宰""满堂灌"的现象大行其是。殊不知学生的学习被各种学校功课塞得越满，给他留下的供他思考与学习直接有关东西的时间越少，那么他负担过重、学业落后的可能性越大。[②] 并且，在这种教育环境下，学生独立思考空间被压缩，独立思考能力被抹杀，成为一个个"非常听话"、善于考试的"机器"。

经过不懈努力，我国通过几轮教育教学改革，逐渐形成重视培养学生独立思考能力的教育思潮。新课程改革积极倡导独立、合作、交流的学习理念，着眼于每一位学生的全面发展。在教学方法上不断提倡主体参与型教学的方法，教师通过各种方式调动学生学习能动性，学生能够主动学习、自主建构、自主发展的教学方法。2016 年，我国发布中国学生发展核心素养。中国学生发展核心素养把自主发展作为学生三个核心素养之一。这表明，我国重在强调培养能有效管理自己的生活和学习，认识和发现自我价值，发掘自身潜力，有效应对复杂多变的环境，成就出彩人生，发展成为有明确人生方向、有生活品质的人。这表明国家和教育系统内部重视学生独立思考能力养成的氛围正在逐步形成。

---

① ［荷兰］韦岱思. 独立，是最好的教养［M］. 北京：北京理工大学出版社，2019：10.
② 苏霍姆林斯基. 给教师的建议（修订版）［M］. 杜殿坤，编译. 北京：教育科学出版社，1984：69.

教师独立思考，是培养独立思考的学生的先决条件。独立思考是包括教师在内的知识分子的特质，是为师者必备的职业素养。[1] 长期以来，教师已经习惯于把教材上的所有文本都视为"权威性的、不容更改的真理"，拿着《教参》照本宣科，实际上是教师自己首先就放弃了独立思考的权利。[2] 所以，培养学生独立思考能力首先要呼唤教师独立思考。换言之，只有培养一大批具有独立思考能力，重视学生独立思考能力的教师，才有可能培养更多的具有独立思考能力的学生。教师提升独立思考能力可以从两个方面入手。一是教师要坚持阅读。教师要打破以往单纯进行学科内阅读的偏执，将阅读的范围扩展到哲学、教育学等范围，积极与经典著作、哲人对话，开阔人生境界，涵养独立思考精神，为独立思考夯实坚定的基础。二是教师要开展经常性的自我反思。如果说教师阅读是向外争取与经典著作、哲人对话，那么教师自我反思则是向内与自我对话，让自己能够从他者角度审视认识自我，熟悉自我。

课堂教学是培养学生独立思考的主要途径。学生在学校期间，大部分时间是在课堂上度过的，因此课堂教学是培养学生独立思考能力的主要途径，课堂教学改革也应该以培养学生独立思考能力作为重要目标维度。一些研究者和实践者已经开始探索在课堂教学中培养学生独立思考能力的路径和方法。魏红认为教师应在课堂教学中树立三个意识：一是尊重学生的意识；二是有效教学意识；三是引而不发意识。[3] 沈喜华认为，在课堂中培养学生独立思考能力主要从以下三个方面入手：首先需要学生参与到具体活动中，并尽可能提高学生的参与度；其次是帮助学生掌握批判性的思考方式和方法；最后是着眼于培养学生的思维方式，形成独立思考的习惯和能力。[4] 华志远则强调培养学生独立思考能力的教学途径：一是分类指导，提出独立思考的要求；二是教育学生，强化独立思考的意识；三是引导学生，培养独立思考的习惯；四是创设情境，教会学生独立思考；五是留有余地，激发学生独立思考；六是推迟判断，鼓励学

---

[1] 沙培宁. "我思"的缺失与弥补——对教师"独立思考"之思考 [J]. 上海教育科研, 2012, (9): 20—23.
[2] 刘发建. 课堂里响起独立思考的声音——我这样教《两个铁球同时着地》[J]. 人民教育, 2013 (20): 33—36.
[3] 魏红. 谈学生独立思考能力的培养 [J]. 教育探索, 2007 (7): 13—14.
[4] 沈喜华. 初中数学教学中学生独立思考能力的培养 [D]. 湖南师范大学, 2008.

生独立思考；七是提倡开放式教学，提高独立思考的品位。①

总之，未来的课堂教学应该更加聚焦在学生独立思考能力的培养上。这不仅符合儿童身心发展的规律，更加符合未来社会发展的需要。因此，教师要努力成为一名独立思考者，不断涵养自己独立思考的意识和提升自己独立思考的能力。教师应该树立重视培养学生独立思考能力的意识。培养学生独立思考能力，是对他们最大的爱护。② 教师要勇于实践探索，积极探索培养学生独立思考能力的本土模式和做法。

---

① 华志远. 培养学生独立思考能力的思考［J］. 数学通报，2003（2）：5—7.
② 贺嘉钰. 迟子建：培养学生独立思考能力，是对他们最大的爱护［J］. 人民教育，2017（1）：75—77.

第二节　独立思考在课堂的实施

独立思考既是学生形成学科素养、关键能力的重要途径，也是素质教育背景下学生具备的基本能力之一。中国高考评价体系学科素养中对思维方法的解释中明确指出，"思维方法是指学习者在面对生活实践或学习探索问题情境时，进行独立思考和探索创新的内在认知品质"。在关键能力的思维认知能力群的解释中也明确指出"经过素质教育的培养，思维认知能力强的学习者应当能够独立思考，通过自己的逻辑思辨，发表独立的、有创造性的看法"。在考查要求的创新性中也明确指出具备良好创新思维的学生能够摆脱思维定式的束缚，善于独立思考，大胆创新创造。中国高考评价体系的核心功能之一是引导教学，由此可见，独立思考是素质教育对学生培养的必然目标之一，课堂是实施教育的主阵地，因此独立思考是课堂里必须发展的核心素养。通过课堂实施让学生形成独立思考的自主和自觉，主要通过学习环境的创设、思考路径与方法的引导、教学设计与课堂实施三个方面进行落实。

一、学习环境的创设

学生是否能形成独立思考的习惯，与所处的学习环境密切相关。能促使学生形成独立思考的学习环境应具备以下三个基本特征：

（一）**主体性**

能促使学生形成独立思考习惯的课堂一定是以学生学习为主体的课堂。如果课堂是以教师为主体的，呈现的是以教师讲授、灌输为基本实施方法，学生在课堂的角色必然变为被动的跟随者、接受者，没有时间和空间进行自我思维，也就谈不上形成独立思考的习惯。只有构建以学生学习为主体的课堂，给予学生充分的自主学习时间和空间，才能给予学生充分的思维空间，有充足的时间进行思维方法和过程的展现，才能真正促使学生进行独立思考。

（二）**开放性**

能促使学生形成独立思考习惯的课堂一定是在交流上具有开放性的课堂。如果课堂所有的交流内容和结果都是具有唯一性，没有充分交流讨论的空间，甚至是不能容错的，那学生的思维是在局限的范围内，趋向完全一致性，也就失去了独立思考的意义和价值。因此，要促使学生形成独立思考习惯的课堂应该是交流的过程有适当的自由度、交流的内容有容错度、对学生的交流更多激励的课堂。

（三）延展性

促使学生形成独立思考习惯需要从课堂延展到课外。课堂是开展教育教学的主阵地，但适度的延展会更有利于课堂的实施。如果教育教学仅限于课堂内的实施，学生在课外没有对生活的观察和独立思考，就无法将课堂所学的知识迁移到新情境，也就无法去解决新问题、得出新结论。因此，要通过合理的课堂教学引导或作业设计，使课堂得以延展，使学生有更广阔的思考空间、更充分的思考时间，使学生真正形成独立思考的习惯。

二、思考路径与方法的引导

学生是否具备清晰的思考路径与方法是学生在课堂上能否形成独立思考习惯的关键一环。在对学生思考路径与方法的引导上应该注意以下三个方面：

（一）形成基于情境的思考路径

学生要具备独立思考的能力，首先要明确思考问题的起点。独立思考的目的是发现问题、解决问题、得出结论，而问题的提出和解决都应该基于实际情境，脱离了实际情境也就脱离了具体的时间、空间，解决实际问题也就无从谈起。因此学生要形成基于情境的思考路径，从情境出发，基于情境下的时间、空间、条件，构建与问题之间的逻辑联系，再结合学科基本原理形成问题解决的方案。以高中地理中砂田为例，从之前的高考试题到人教版新教材（2019版）均从有利的角度阐释了砂田在宁夏地区发展农业的原理和积极意义，但近年来宁夏地区却在大力进行退出压砂地种植的工作，教学中可设计以下情境和问题：

压砂地是指在干旱地区用砾石覆盖于土壤表面形成的一种旱作农田。在压砂地上种植的石头瓜因甜度高、口感佳等原因受到消费者欢迎，使得一些地区除了对原有耕地进行改造外，还占用草原、林地、国有荒地等进行压砂种植。不过，宁夏回族自治区在自然资源保护和利用"十四五"规划中明确提出要有序退出压砂种植作物，实施生态保护修复，让学生从地理视角分析宁夏回族自治区开展此项工作的原因，并为当地农业可持续发展提出建议。

如果学生没有基于实际情境，依然停留在以往课堂学习的经验之上，便无法从占用其他用地类型过度发展压砂地的角度去思考原因，也无法提出更适切的解决措施。

（二）掌握信息提取与归类的方法

学生要进行独立思考的前提是能够准确、完整地掌握情境所呈现的信息，情境呈现的方式主要分为文本和非文本两大类，不同的类型提取的方式存在差异，因此教师要引导学生掌握信息提取与归类的方法，为独立思考奠定坚实基础。如文本类信息的提取与归类方法可以分为略读与精读、寻找关键字词、形成逻辑关联或分类归纳。非文本形式多样，可以是图表文本、音视频等，不同的形式信息提取方法存在差异，如图表文本要注意图例、标注，音频注意语气转换对意义表达的差异，视频关注画面细节的呈现等。例如，人工鱼礁情境：

2021年4月8日，国家级海洋牧场示范区人工鱼礁投放仪式在海南三亚蜈支洲岛海域举行。此前已投入1 526个人工鱼礁及21艘船礁（报废供水船及渔船改造）。据海南大学技术团队统计，示范区内活珊瑚覆盖率从2010年的不足15%增长至2021年的超过23%，鱼的数量同期增长了两倍多，已形成完整的珊瑚礁、鱼虾贝等海洋生物圈，海洋生态修复和渔业资源养护取得了显著成效，成为南海区规模最大的热带海洋牧场。

下图是人工鱼礁景观示意图和鱼礁海流效应示意图。让学生分析人工鱼礁在海洋生态修复和渔业资源养护上成效显著的原因。

图2-1 人工鱼礁景观示意图

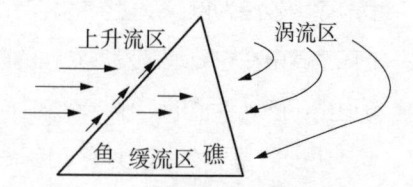

图2-2 人工鱼礁海流效应示意图

该情境呈现分为文本和非文本两部分，文本中明确提到投入人工鱼礁和船礁使得海洋生态得以修复、渔业资源得以不断增长，非文本的图表中左图是景观图，可以提取的是人工鱼礁形成了一个使鱼类和其他海洋生物得以着生或栖息的构造，右侧则清晰显示了人工鱼礁对海流的影响，如果学生只关注文本而忽略了与非文本之间的关联，缺乏对文本所呈现信息的具象化，更缺乏与原理性信息的关联。因此，在课堂中，要通过类似的情境素材，使学生逐步掌握提取信息和进行信息归类、关联的方法。

（三）形成问题转化与分解的能力

基于不同学段学生的认知能力存在差异，学生在独立思考进行问题解决的过程中对问题的转化与分解能力就显得异常重要。学生如果能够将问题转化成与课堂学习内容一致的问题，或者能将问题分解成具有逻辑关系，实现分步思考，都有利于学生独立思考过程的进行。再如，新能源情境：

内蒙古自治区能源局在2020年4月2日公布了《关于进一步加强全区风电、光伏发电项目建设管理的通知》，通知明确要求光伏新能源发展重点在荒漠地区、边境沿线、采煤沉陷区、露天矿排土场等，其他地区原则上不再布局新的光伏发电项目。近年来，我国大力支持新能源产业发展，光伏发电得到迅速发展。目前光伏发电不仅布局在沙漠荒野，很多的滩涂、湿地、湖泊都成了建设太阳能发电站的新领地。受光伏发电组件寿命的影响，在2045年左右会迎来一次报废潮，报废的材料设备中含有大量有毒物质。

让学生从对生态环境影响的角度，分析内蒙古自治区原则上不允许在通知规定区域以外布局新的光伏发电项目的原因。

学生要解决问题，可以将问题进行转化，形成思考的逻辑链条，会更有利于问题的思考与解决。如形成"建设光伏发电场所需要的条件——目前选择了哪些地方进行布局——目前布局区域类型存在什么环境效益——光伏的布局对这些地区的环境造成什么影响"问题链条，学生对每个问题的思考都有学习基础为支撑，但又最终指向问题的解决。

三、教学设计与课堂实施

合理的教学设计是课堂实施的重要保障，要通过课堂让学生能够更好地形成独立思考的素养，应关注以下三个方面：

（一）情境素材选择的适切性

课前进行教学设计时情境素材的选择至关重要，因为它是课堂实施的重要载体，它决定了学生是否有兴趣去思考、思考的空间有多大、思考的价值有多高。因此建议情境素材的选择在基于课标内容学习要求的前提下，尽量选择接近学生生活的情境、学生感兴趣的时事情境，这样的情境素材选择容易激发学生的学习兴趣，激发学生思考的积极性和主动性。如在初中天气与气候的学习过程中可以选取当时当地天气的变化过程或当地独特的天气现象。八年级地理教学中选取的情境素材：

2021年11月7日，我国各地进入立冬节气，立冬是冬季的第一个节气，意味着要进入寒冷的冬季了。今年的立冬节气也是十分应景，一股实力强大的全能型寒潮正在横扫我国大江南北，多地出现雨雪，降温十分猛烈，不少小伙伴直呼这是要"一夜入冬"的节奏了。下图是我国两个城市的气温和降水量统计图。

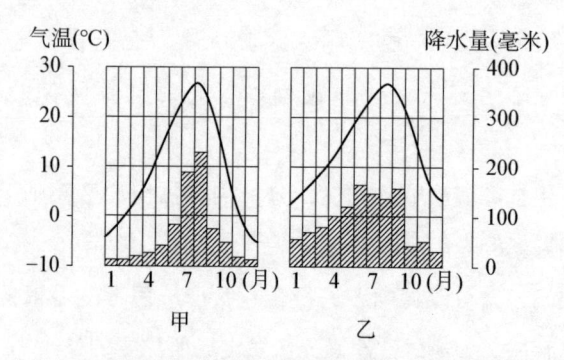

图2-3 2021年我国两个城市的气温和降水量统计图

这样的情境素材在课堂上呈现给学生，因为学生有切身体会的生活情境，更容易激发学生学习的兴趣，也就让学生自然而然地将自己融入到情境中进行问题的思考，使学生的独立思考自然发生。

（二）**教学问题设计的合理性**

学生在课堂上能否有效地进行独立思考，教学问题设计的合理性影响最为关键。教师设计的问题首先必须与情境和材料相关，与教学内容相关，使学生的独立思考有内容的依托；其次课堂的问题设计应该是一个问题链，问题链的设计要有逻辑性，问题链的设置梯度要合理，要符合学生的认知规律，要有利于学生进行知识的构建，这样学生的独立思考才具有可持续性、可实现性，这样的独立思考才能真正实现学习的目标。如高中地理必修（一）第三章第一节水循环的问题设计：

首先选取了以下哈尼梯田的情境素材：

红河哈尼梯田位于云南南部，遍布于红河州元阳、红河、金平、绿春四县，总面积约100万亩，仅元阳县境内就有17万亩梯田。2013年6月22日，云南红河元阳哈尼梯田申遗在第37届世界遗产大会通过审议，列入联合国教科文组织世界遗产名录。

对稻作之民来说，水之外最重要的就是肥，哈尼族利用村寨在上，梯田在下的地理优势，发明了"冲肥法"。每个村寨都挖有公用积肥塘，牛马牲畜的粪便污水贮蓄于内，经年累月，沤得乌黑发臭，成为高效农家肥，春耕时节挖开塘口，从大沟中放水将其冲入田中。这一方法省去了大量运肥劳力。平时牛马猪羊放牧山野，畜粪堆积在山，六七月大雨瓢泼而至，将满山畜粪和腐殖土冲刷而下，来到山腰，被哈尼族的大沟拦腰截入，顺水纷注入田，此时稻谷恰值扬花孕穗，必须追肥，自然冲肥正好解决了这及时之需。以下两幅图分别是哈尼梯田景观图和部分水循环环节示意图。

图2-4 哈尼梯田景观图

（三）**课堂教学活动设计的交互性**

基于以上素材形成了以下问题设计：

问题链一：哈尼梯田灌溉的水源从哪里来？（山上、山上河流）

山上的水从哪里来？（降雨）

大气的降水从哪里来？（小尺度区域——大尺度区域，地表水蒸发、植被蒸

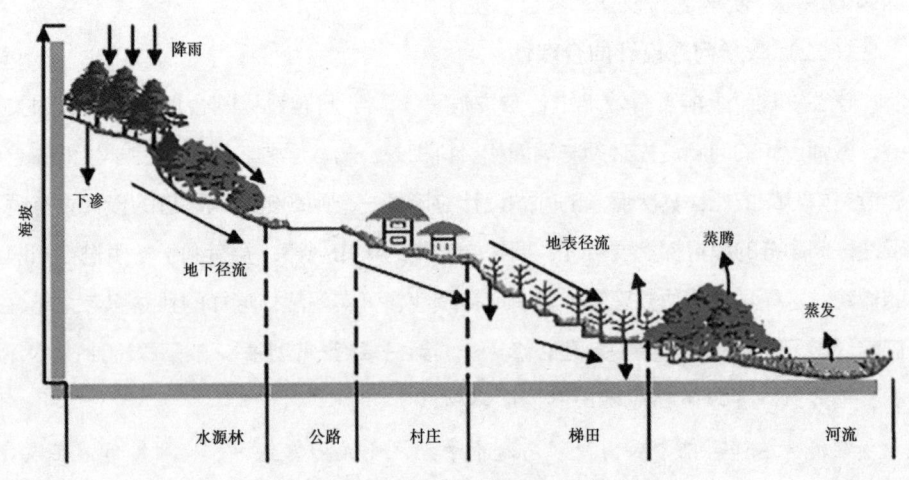

图 2-5 哈尼梯田部分水循环示意图

腾、水汽输送）

流经梯田的水又去了哪里？（蒸发、下渗、植物吸收、蒸腾、地表径流进入河流、外流河流入海洋）

问题链二：没有降雨的时候哈尼梯田的灌溉水源就没了吗？

如果有，从哪里来？

这两组问题链的设计问题层层递进，存在明确的逻辑关联，又存在梯度，符合学生对问题的理解和认知规律，同时通过问题的解决完成了对水循环过程、分类、地理意义的知识学习和构建。这样的问题设计使得学生在学习过程中的独立思考有依据，思考有明确的方向、思考问题有梯度，中间的思考障碍也容易激发学生思考的兴趣，这样的问题设计才能让学生的独立思考得以持续，得以实施开展，独立思考的素养才能得以逐步形成。

（四）课堂教学活动具备交互性

要让学生在课堂上形成独立思考的素养，课堂教学活动要具备良好的交互性。良好的交互性使学生不会等待教师的讲解、同学的回答，而习惯于有自己的想法，并能将自己的想法进行充分的表达，同时充分的表达能得到教师、同学地充分鼓励。如果课堂能够形成良性的交互循环，学生独立思考的主动性和积极性便会得到充分的激发，从而逐步形成独立思考的课堂素养。不少教师在教学实践中充分发挥了教学活动交互性促进学生形成独立思考的素养,如在高三教学中的第一轮复习阶段的学案上大量留白,给学生进行独立的思维导图构建空间,在课堂上给予学生充分展现和表达,师生之间、生生之间形成充分的互动,使学生习惯于独立思考后构建自己的知识体系。随着学生独立思考素养的形成,会在课堂上以学生根据情境素材自主命题的方式构建部分第二轮复习课堂,进一步提升学生面对新情境能进行独立思考、解决新问题的能力。

第三节 案例分析

"思想是地球上最美丽的花朵",而独立思考则是孕育这朵花的土壤。古往今来,地球上留下了无数美丽的思想之花,它们无一不是独立思考的成果。独立思考是一种优良的治学品质,也是在社会生活中每个个体从根本上独立的重要体现。中小学生正处于思维方式转变以及思想体系构建的关键时期,在教学实践中,教师要发挥好思维启发、思想引领的作用,帮助学生养成独立思考的习惯,提高学生独立思考的能力。下面以"光是怎么样传播的"教学为例,谈谈独立思考课堂核心素养。

一、案例简介

"光是怎么样传播的"是小学五年级《科学》的内容。在教学中为了让学生更加直观认识光的传播,教师采用实验教学的方法,通过引导学生自己实践实验,直观认识光是怎样传播的。

首先,教师将四张在相同位置剪裁出相同圆形孔洞的白纸间隔10厘米依次竖立摆放在桌面,然后打开手电筒,让手电筒光源径穿过白纸上的孔洞,光源透过孔洞照射在背后的墙上。教师演示完毕,各学习小组动手开展实验,大多数小组还原了教师的实验,并且认识到了光是通过直线方式传播的,忽然有个小组的同学高高举起手说:"老师,我们这组光不能穿过白纸。"其他小组的同学应声望向那个"实验失败"的小组,教师也上前检查。随后教师招呼各小组的同学一起思考为什么这组的实验失败了。有的同学说"他们白纸上的孔太小了",有的说"他们的纸太厚了",还有的说"他们白纸的位置没摆整齐"。针对同学提出的问题,教师说:"同学们的猜测好像有道理,那到底是什么原因导致这组同学实验失败,我们一起想办法来验证一下。"

随后,那些说孔太小、纸太厚的同学拿来本组的纸与实验失败小组的纸比较,发现纸张是完全一样的,孔的大小也没差别。于是另外一些说纸张没摆放整齐的同学帮忙重新摆放四张白纸,让纸张上的空洞在一条线上,然后打开手电筒照向空洞，结果实验成功了，手电筒的光顺利穿过四张白纸的孔洞投射到背后的墙上。

经过集体排除错误以及重新试验，教师提出问题："光是以怎样的线路传播的？"经过成功试验和失败试验的对比，学生都认识到了光是以直线的路线传播的。本环节的教学活动达成了教学目标，并且证明了独立思考与实践检验对学生掌握学科知识、提高学生的判断能力、培养学生的科学思维都是十分有益的。

二、案例分析

1. 课堂教学目标明确

在案例所述教学环节中，教师的教学目标就是让学生认识到光是沿直线传播的这一个知识点。教学实验的设计及实施，问题的设计及引导都是围绕上述目标而展开的，目标明确且聚焦。同时教师以学生最后能否通过实验得出"光是沿直线传播的"这一结论作为评判实验成败的标准，这也体现了教学目标的确定性。

2. 课堂教学方式合适

在教学中教师运用了实验教学方式，首先通过实验演示，让学生了解开展实验的基本操作和实验要求。总体来说，实验设计难度不大，符合小学五年级学生的动手能力和认知能力。同时实验教学让课堂更加活泼，让学生获得了更多参与感，这对学生获取知识、锻炼思维是十分有益的。

3. 过程引导优劣并存

在教学过程中首先教师通过实验演示为学生自主实验起到了较好的引导与示范作用，能够通过有效的提问引导、启发学生的思路，同时能够正确回应学生的问答，营造了民主平等的教学氛围。存在的不足体现在实验设计较为单一。为更加开放地启发学生独立思考的能力，教师可以引导学生自主设计更加多样化的实验，探索光是如何传播的。

4. 善于处理突发问题

突发问题是教学中的一把"双刃剑"，处理不好可能成为教学顺利推进的障碍，处理好了能够成为宝贵的教学资源，能够正确处理教学中的突发问题是一种教学智慧。在上述教学片断中，教师面对个别小组实验失败这一突发问题体现出了较好的教学智慧，能够将这一始料未及的意外转化为启发学生进一步深入思考的情境，引导学生通过科学验证来探究实验失败的原因，同时进一步强化了学生对光的传播的认识。

5. 较好达成了预期目标

从教学的结果来看，教学总体围绕小学《科学》课程标准所规定的课程目标：科学知识、科学探究、科学态度、科学技术社会与环境四个方面实施教学。① 通过一次实验，失败实验以及纠错实验等环节，全体学生都认识到了光是沿直线传播这一知识点。通过实验教学、对话教学等方式，较好地启发了学生的独立思考能力。

三、案例启示

总体来说，上述案例中的教师在教学实践中通过有效的引导较好地培养了学生的独立思考能力。总结上述案例教师的做法，可以发现，培养学生的独立思考能力需要注意以下四个方面的问题：

（一）教学环境创设是独立思考的基础

独立思考不是脱离实际的空想，独立思考需要依赖于特定的教学情境。心理学研究表明，中小学生正是处于从具体形象思维向抽象逻辑思维转变的关键时期，培养中小学生的独立思考能力需要基于这一基本的身心发展规律。基于此，尤其是针对中小学生的独立思考能力培养，需要教师在教学实施中创设有利于启发学生思考的教学环境。

1. 学习空间环境的创设

教学需要依托特定的空间环境。古语说"蓬生麻中，不扶而直"，良好的空间环境对激发学生的独立思考、培养学生的独立思考能力具有重要影响。当前学校教学的空间环境主要是教室，学生也主要在这个空间里进行学习。一般而

---

① 教育部. 义务教育小学科学课程标准[S]. 2017：6.

言，思考源于两个方面：一是教师创设的问题，二是学生对自然与生活的自我体验与观察。在教室学习中，由于缺乏体验观察自然与生活的条件，学生的思考主要源于教师所设置的问题。也有一些教师为了给学生提供观察与体验的条件，会在教室设置一些生活化的场景，这对激发学生的独立思考是十分有益的，这种教学方式普遍存在于幼儿园区角教学，而中小学就较少了。

自然化和生活化的空间环境是思想的重要来源。早在两千多年之前亚里士多德就认识到了这一点，他常带领弟子徜徉于吕克昂林荫小道，让弟子感受自然，启发思想，形成了影响深远的逍遥学派。现在越来越多的教师已经认识到自然化和生活化的空间环境对激发学生的独立思考的重要作用，而因地制宜地带领学生走出教室，来到田间地头、城市社区等地方开展社会实践性的教学活动，这对学生感受生活，启发思考是大有裨益的。

2. 教学活动情境的创设

教学活动情境服务于教学内容，旨在将教学内容融入到教学活动情境中，通过教学情境的开展达成教学目标。教学活动情境的设计需要做到贴近生活、贴近实际、符合学生认知能力。

教学活动情境贴近生活即情境要源自生活，是对某一个典型生活现象的高度概括与综合，例如在"光是怎么样传播的"的教学中，教师可以让学生回忆生活中自己用手电筒时的情境，思考光是如何传播的，这不仅能激发学生学习的兴趣，而且也能够培养学生观察生活的习惯。教学活动情境要贴近实际即情境是真实的，是对生活的重现，而不是虚构的。例如在"光是怎么样传播的"的教学中可以引入手影等场景，引发学生对光的属性的思考。教学活动情境要符合学生认知能力即教学情境要根据学生的认知基础和思维能力来设计。要做到这有一点，就需要教师在课前有充分的学情分析。

（二）民主平等的课堂氛围有益于学生的独立思考

课堂氛围是课堂教学中的无形环境，是师生共同构建起的课堂状态，一般表现为积极的课堂氛围、消极的课堂氛围和对抗的课堂氛围。民主平等的课堂氛围应该是一种积极的课堂氛围，师生平等、相处融洽、课堂有序、教学相长。独立的个体源于民主平等的课堂，可以说，民主平等的课堂氛围是开启学生独立思考按钮的总闸，只有民主平等的课堂，学生才有条件进行独立思考。

1. 树立学生是课堂主体的理念

民主平等的教学环境首先保证学生是课堂的主体。新课程理念强调学生是具有主体性的人，教学活动需要体现学生的主体性地位。首先课堂教学要基于学生的身心发展特点。心理学研究表明，不同年龄段的学生思维能力和认知能力都是不一样的，学龄前儿童思维主要处在动作思维阶段，学前教育阶段儿童主要处在具体形象思维阶段，小学阶段学生主要处在从具体形象思维向抽象逻辑思维转变的时期。例如，对于小学低年级学生做数学运算，可以让学生想象数与具体物的匹配，但到了高年级就需要把具体的物变成抽象的物，甚至把数物完全剥离开来。尊重学生的身心发展规律，是培养学生独立思考能力的基础。

其次，课堂教学要服务于学生的身心发展。教学归根结底是要促进人的全面发展，任何教学活动都需要服务于这个目标。然而不同的课程对促进人的发展功能各有侧重，需要任课教师准确把握。在"光是怎么样传播的"这节课中，一方面要让学生认知光是沿着直线传播的这一基本属性，另一方面还要通过实验让学生能够解释为什么会有影子，利用光沿直线传播这一属性能干什么等科学思维能力，培养学生勤于思考、善于思考的学习习惯。

2. 营造师生平等的课堂氛围

平等的课堂氛围是启发学生独立思考的重要外部条件。平等的课堂首先要求教师要经常走到学生当中去，而不是总是站在讲台上，摆出一副高高在上的姿态。降低姿态走到学生当中去，让学生感受到教师的平易近人，逐步消除学生对教师的畏惧心理。其次，平等的课堂要给学生发言的权利和机会，让学生敢于大胆表述自己的想法。爱因斯坦晚年曾感慨道："提出一个问题往往比解决一个问题更重要。"能够提出问题说明学生在思考，这是极其难能可贵的。尊重学生的提问就是尊重和鼓励学生的独立思考。最后，平等的课堂是关注全体学生的课堂，在教学中教师要尊重学生的差异性，因材施教。虽然人的身心发展是有规律的，但这并不意味着每个人的身心发展是同步的。受各种因素的影响，每个人的发展往往是有差异的，一方面需要教师进行扎实的学情分析，了解每位学生的差异，另一方面要尊重学生的差异，对于不同的学生实施不同的教学指导，尤其是针对学困生，教师需要用发展的眼光看待他们，并进行耐心的指导和正确的引导。

（三）培养学生独立思考能力需要教师的正确引导与积极鼓励

人的发展是需要引导的，独立思考能力的形成也是需要正确引导的。习近平总书记告诫全体教育工作者要"做学生锤炼品格的引路人，做学生学习知识的引路人，做学生创新思维的引路人，做学生奉献祖国的引路人"。教育工作者要牢记总书记的教诲，修炼本领，履行好学生发展"引路人"的职责。

1. 培养学生独立思考能力需要肯定学生

肯定学生首先要肯定学生思考习惯，通过对学生思考的肯定保护好学生思考的习惯。从心理学来说，对学生思考的肯定就是一种正强化，通过这种正强化可以让学生认识到独立思考是一种被认可、被鼓励的行为，从而进一步强化其继续思考。所以在教学中，只要学生肯思考提出或者回答问题，这种行为本身是值得肯定和鼓励的，对于一些回答错误的学生，如不进行正面肯定与鼓励，将在一定程度上扼杀学生独立思考的习惯。

例如，在一堂语文课上，教师提出一个问题，要求学生解释"言必信，行必果"。其中一位学生的回答是"说出来的话一定要算数，自己做过的事一定要承担后果"。当时听到学生的回答我眼前一亮，倍感欣慰，心想这位学生的回答肯定是通过自己思考得来的，而且解释有道理，也有积极性。而教师听到这位学生的回答并没有做过多反映，而是默默让这位学生坐下，继续让其他学生回答问题，直到有学生答出"说出的话一定要算数，做事一定要果断"，这时教师才给予肯定。对于这位教师的做法我不敢苟同，虽然前一位学生的回答不是标准答案，但学生是经过自己思考得来的答案，思考这种行为应该得到肯定与鼓励，而不应该被抹杀掉。

2. 培养学生独立思考能力需要启发学生

首先，教师要传授学生科学的思维方法，并运用这些方法对学生进行有针对性的训练。科学的思维方法有很多，例如发散思维、聚合思维、因果分析、对比分析等。在教学实践中教师可以设计一些活动针对这些思维进行训练，如在发散思维训练中可以让全班同学想想某一物品的功能有哪些，或者提供一道题目，让学生尝试一题多解，然后通过对比分析，比较哪种解题方式更好。在"光是怎么样传播的"实验设计中，教师也可以引导学生想出更多实验方法来检验光是沿直线传播这一基本属性。

　　其次，对学生思考的启发需要找准时机。孔子在教育弟子时就强调"不愤不启，不悱不发"，也就是说在学生经过反复思考，确实想不通，想表达却又无法表达时就需要教师的启发和引导。在上述"光是怎么样传播的"实验中，有一组的实验失败了，教师并没有代劳帮助学生纠正实验，而是引导学生找出实验失败的原因，启发学生如何正确操作实验，并最终取得了实验的成功，这种做法就是有效的引导与启发，对于培养学生独立思考能力是十分有效的。

第三章

问题意识

  课堂里的学生,不是被动地学习和解决教师提出的问题,而是在一定的课堂情境中产生自己的问题,教师应鼓励学生提出问题,因为提出问题往往比解决问题更有价值。如果学生在课堂里没有产生任何问题,说明学生根本没有进入课堂学习的状态,因为任何一个有独立思考能力的人,对面临的情境都会产生自己的想法、说法和做法。教师在课堂里要激发学生的问题意识,让学生大胆地提出与众不同的问题。问题意识是学生在课堂里应该发展的核心素养。

问题意识是课堂核心素养的重要组成部分，是学生思维品质的表现形式之一。基于自主学习和独立思考产生问题意识，其思维是活跃而深入的，会促使学生质疑问题、发现问题、提出问题、解决问题，从而推动学生创造能力的发展。本章立足课堂教学过程，解决培养问题意识的一些问题，探索培养问题意识的途径。

第一节　问题意识的基本内涵

问题意识是学生在课堂中必须发展的核心素养，学生是在不断产生问题，不断解决问题，在解决一个又一个问题中成长的。在课堂教学中激发学生的问题意识，提升学生的思维能力，在落实课堂核心素养过程中具有重要意义。

人们在认识活动中，经常会意识到一些难以解决的、疑惑的实际问题或者理论问题，并产生一种怀疑、焦虑、探究的心理状态，这种心理驱使个体积极思维，不断提出问题和解决问题的心理品质，称之为问题意识。简单来说，意识本身就是一种思想或者思维，问题意识就是质疑提问的思维。从课堂核心素养的角度，表面上，问题意识是基于知识和经验的前认知对未知领域进行质疑的心理状态，深层次的内涵则是学生思维品质的反映，学生具备强烈的问题意识，其思维必然是活跃而深入的，会促使学生质疑问题、发现问题、提出问题、解决问题，从而推动学生创造力的发展。

在课堂教学中，师生双方不断地发现问题、提出问题和解决问题的过程，实际上就是培养学生问题意识及创新思维的过程。重视对学生问题意识的培养，有效激发学生的问题意识对学生掌握知识、开发思维及培养他们的创新能力均具有积极的意义。

一、问题意识的培养意义

当前，随着教育教学改革的不断深入推进，提倡自主、合作、探究的教学模式，重视问题式教学的教学理念已广泛应用于教学实践，主张在课堂教学中加强对学生问题意识的培养，提升学生的思维能力，落实核心素养的培养。从课堂教学的角度来看，培养学生的问题意识有以下五方面的积极意义。

（一）有助于激发学生的主体性

重视问题意识培养的课堂教学，往往会突出学生在教学过程中的主体地位，教师会运用各种教学策略及营造学习氛围，引导学生就教学内容进行主动探究，提出质疑。只有学生积极主动地参与，才能有效激起学生积极探求新知识的欲望，锻炼和培养学生的思维品质，保护和激发学生的创新意识。这样的课堂，是师生互动交往的平台，是引导学生发展和探讨知识的场所。

（二）有助于发展学生的创新精神

问题意识驱动思维发展，它促使学生在课堂中不断发现问题、解决问题，并在问题的解决过程中实现创新。可以说，一个学生如果不会提出问题，是不会具备创新能力的。而具有强烈问题意识的学生，大多具有好问、爱思考、深探究等思维品质。因此，在课堂教学中，教师的教学目标不能仅限于知识和技能的传授，而应该通过多种教学形式，引导学生独立思考，敢于跳出教材、书本的知识范畴，敢于挑战权威，培养学生大胆质疑、生成问题、解决问题的探索精神。这种学习的态度就是问题意识的体现，也是培养创新精神的体现。

（三）有助于找到有效的学习方法

具备问题意识的学生，会在学习的过程中提出一些问题，为了解决问题，学生会自主地学习相关的知识，同时启动前认知经验以及原有的知识，学生基于原有经验而提出的问题，并且在解决的过程中形成了探究的态度，激发学生的求知欲，驱动学生主动学习。这就是基于问题意识帮助学生找到有效学习方法的过程。

（四）有助于活跃课堂教学氛围

在教学中重视问题意识的培养，通过教学环节的设计，可以有效地调动学生的学习情绪和思维状态，激发学生的求知欲和学习兴趣，调动他们学习的积极性和主动性，形成活跃的课堂氛围。在教学实践中发现，师生双方都处于轻松愉悦的教学情境中，有利于师生之间、生生之间的思维碰撞，有助于学生形成质疑的习惯，提升学习的效率。

（五）有助于提高学生的科学素养

具有问题意识的学生，往往具备强烈的探究、质疑、思考、创新等思维品质，在学习的过程中会习惯于对教材知识及学习的内容进行更深入的研究，不会迷信教材和教师，以严谨的态度对待学习和研究，这个过程有助于提升学生的科学素养。

二、问题意识养成的影响因素

问题意识作为课堂核心素养重要的组成部分,目前已经普遍被广大教师所接受,并在课堂教学中通过设计各种问题来激发学生的思维发展,达到培养学生问题意识的目的。然而,在教学实施过程中,也存在着一些制约因素,导致学生的问题意识仍较为薄弱。

(一) 提出问题的主体因素

问题提出的主体是学生还是教师,会直接影响学生对问题研究的深度。最好的模式是师生互答或者生生互答,即学生无问题时,教师要发问,学生有问题时,教师要引导他们自己回答。但目前教学中比较常见的一种情况是自问自答,即教师提出问题,教师自己回答问题,学生没有提问,也没有回答的机会。还有一种情况由教师提出问题,学生回答。这两种情况下,教师作为提问的主体容易使学生限定在教师的思维框架之中,处于被动的应答状态,而缺乏主动质疑的精神,问题意识淡薄,不利于学生思维的发展和培养。

(二) 问题设计的质量因素

问题设计的质量会影响学生的主体参与度,也会影响问题研究的质量。当前教学实践中,许多教师尽管用问题代替了满堂灌,但由于问题的认知水平较低,不具备思考的价值,不利于学生思维的开发。有些教师在课堂上提问的频度过高,有的甚至达到一节课提几十个问题,导致教学没有中心,重难点不突出,削弱了学习的效果,预留的思考时间不足,导致学生只能在书本或者教师提供的信息中寻找答案,属于较低的思维水平。问题的设置缺乏层次性,没有很好地形成层层递进、环环相扣的逻辑结构,问题过深过大,没有经过铺垫,都会导致学生不知所问,无从作答。

(三) 教师的问题意识不强

问题意识是教师必备的一项重要素质,教师具有清晰的问题意识,才能有效地开展教学活动,在课堂教学中达到培养学生问题意识的目的。目前,真正具备问题意识的教师并不多,具体表现:一是发现问题的意识不强,教师在教学实践中,没有对课堂教学进行深入的探究,不能结合教学实践提出具有价值的教学问题。二是解决问题的能力不足，受本身的经验和认知的限制，教师不能正确处理从提出问题到解决问题的关系，仍然按照"被动—接受"的教学惯性，学生的问题意识无法得到提升。

综上所述，课堂教学中问题意识培养的主体不清晰、问题的设置不合理以及教师问题意识不强等因素，直接导致学生不敢问、不会问、没有疑问，教师怕学生问、不重视学生的提问，师生关系对立僵化、缺乏沟通……，诸如此类情况，在课堂教学过程中会制约学生问题意识的培养，甚至导致学生问题意识缺失。

三、培养问题意识的途径

学生在学习过程中意识到一些难以解决的、疑惑的实际问题或者理论问题，师生共同围绕着呈现的问题展开教学活动，通过设计教学环节，激励、强化学生的主体意识，帮助学生学会发现问题、分析问题、解决问题，可以很好地培养学生的问题意识。

（一）激发学生的内在动力

1. 基于观察力培养问题意识

观察是人们认识世界最重要最直接的手段之一，在观察的基础上对事物进行判断和推理，才能更深入更全面地认识事物。观察不仅仅是"看"，还包括了感知和思维。观察的过程首先是感知，通过视觉、嗅觉、听觉等感官的运用，进而对事物产生综合的认知，这是认识事物的初级阶段；其次是思维，对观察的对象进行加工、整理，探究本质和规律的过程。因此，培养学生的观察力，就是培养学生认知、发展思维的基本能力，为问题的产生提供生活情景、具体领域，为问题意识的萌生提供条件与可能性。

2. 基于想象力培养问题意识

所谓想象，是指人在心理活动过程中头脑中出现的客观事物的各种形象。想象的过程就是把这些形象以不同的方式组合起来，形成新的形象或构想的一种思维过程，它需要糅合现实的经验、知识、思维等众多因素。提出一个问题比解决一个问题更为重要，因为提出新问题、新的可能性、从新的角度去看旧问题，需要创造性的想象力。观察使我们着眼于现实的发展，而想象则使我们将思维与现实密切相连，在课堂教学中通过培养想象力激发学生质疑、联想，拓宽思维的空间，促使学生对未知进行创新、思考、设想，这是问题意识产生的关键因素。

3. 基于好奇心培养问题意识

从好奇心产生的本质来看，首先是与生俱来的，其次还具有后天性，可以在教学过程中通过训练来强化和提升。好奇心是促使学生萌生问题、激发困惑与质疑的刺激源，教师在教学过程中要关注与掌握学生现有的知识结构与学习特点，并在此基础上对学生的好奇心给予鼓励，并创造适当的情景，以问题形式、合作探究、教学故错等多种形式呈现给学生，激发学生的好奇心，可以说，对好奇心的保护与培养是培养学生问题意识的前提和基础。

观察力、想象力以及好奇心属于学生学习的内在动力，是培养学生问题意识的三个有效工具，在课堂教学中，教师通过情景的创设，有所侧重地调动和激发学生的好奇心、观察力、想象力，激活学生的思维能力，从内在动力的角度实现学生问题意识的培养。

（二）教学过程中实施问题驱动

1. 构建必备知识框架，强化问题意识基础

在课堂教学过程中，学生的前认知经验以及知识储备是问题意识产生和培养的必要前提和基础。因此，培养学生的问题意识，首要的是加强学生基本知识及知识技能的训练，增加学生知识的储备量，然后引导学生结合学习情景，利用所掌握的知识去理解情景背后所体现的规律与意义，建成完整的知识逻辑体系。当学习过程中出现新的情景，学生自然而然会运用储备的知识与解决方法进行迁移。必要的知识储备，是培养学生问题意识的基础。

2. 营造问题探究氛围，激发学生问题意识

青少年学生的好奇心强，求知欲旺盛，普遍具有潜在的问题意识。教师要激发学生的问题意识，在教育教学中首先要创设良好的教育环境和氛围，增进教学民主，加强师生交往，鼓励学生质疑问难。其次要充分爱护和尊重学生的问题意识，师生要保持民主、平等、和谐的人际关系，营造轻松愉悦的学习氛围。在这样的环境氛围中，学生围绕课堂教学内容敢于发现问题、提出问题，并且通过师生的互动解决问题。因此，良好的问题探究氛围是至关重要的，可以充分激发学生的问题意识。

3. 重视问题式探究教学，培养学生问题意识

问题式探究教学，是用"问题"整合相关学习内容的教学方式。问题式探究教学以"问题发现"和"问题解决"为要旨，在解决问题的教学过程中，教师引导学生运用学科的思维方式，建立与"问题"相关的知识结构，通过具有层次性的问题，一步步引导学生由表及里、层次清晰地分析问题，合理表达自己的观点。问题式教学以问题整合内容，以问题为引领，贯穿教学始终，让学生在发现问题、分析问题和解决问题的过程中掌握知识、促进思维发展、增进能力，从而达到培养问题意识的目的。

4. 创设问题式情景，引导学生生成问题

学生问题意识的发展及培养，不仅有赖于知识和能力的基础以及适宜的环境和氛围，还要依靠科学的教学方法和教学技巧。问题式教学的最佳模式，是在围绕问题来组织学习过程中，由学生经过讨论后，最终提出有价值、有探究性的问题。因此，教师在教学过程中要科学地设置问题情景，设计符合学生兴趣特点及认知发展特点的探究式问题，引导学生掌握课堂学习内容的核心问题及关键概念，并学会思考分析，在问题学习中学会生成问题，最终养成良好的思维习惯，促进学生问题意识的发展。

第二节 问题意识在课堂的实施

问题意识是学生进行学习,特别是发现学习、探究学习、研究性学习的重要心理因素。问题意识可以激发学生强烈的学习愿望,从而使学生注意力高度集中,积极主动地投入学习。问题意识可以激发学生勇于探索、创造和追求真理的科学精神。可以说,没有强烈的问题意识,就不可能激发学生认识的冲动性和思维的活跃性,更不可能激发学生的求异思维和创造思维。

新一轮课程改革以来,课堂的变化有目共睹,学生学习的主体性更加凸显,师生对话、生生对话用时大幅增加。但学生的话语权还是以回答教师提问为主,以解决问题为主。相关研究表明:"上课主动举手发言与年龄成反比",学生在课堂上主动提问的现象依然是"一如既往",仍属"稀缺"现象。例如,一项教学现场样态研究,从全国性竞赛课、观摩课中选择86节(含16节小学数学课)为对象统计分析结果表明,"对大多数学生来说,他们的绝大部分课堂时间(68%到90%)是用于听别人讲(教师独白或师生一对一问答)"。又如,从国家级小学数学优秀课例中选取13节课,对师生话语做定量分析的研究发现:教师话语量多于学生话语量;教师的长话语机会明显多于学生,学生的发言大多属于短话语;学生齐言现象明显,齐言内容大多为5字以内的短话语。示范辐射的"标杆课"尚且如此,常态下的课堂教学也就更难奢望了。造成这种现状的学生因素如下:

一是学生没有自己的问题。客观原因是思考时间不足,课堂上学生对新学内容的短暂性接触使其难以立即提出问题;主观原因是习惯于被动学习,以为接受、记住教师的讲解就能掌握新知识,因而思维活动浮于表面,缺乏主动的深入思考。

二是学生怯于提出问题。主要原因是课堂氛围不够宽松。主要表现如学生看到教师心里比较紧张,或者担心自己提出的问题过于简单,受到教师嫌弃或同学嘲笑,有问题而不敢提。这些学生往往会显示出矛盾的心理,既想要提问,又害怕提问,结果常常成为教学活动的旁观者。久而久之,不敢问就可能沦为不会问。

三是学生提出无效问题。这里的"无效",指当前教学难以讨论或"无关"。例如,教师给出两个已知条件:小兔昨天采了 6 个蘑菇,今天又采了 8 个蘑菇。请学生根据这两个条件提一个问题,有学生提出的问题是:小兔明天采几个蘑菇?小兔吃了几个蘑菇?等等。

因此,"问题意识"素养的落实既要关注学生"学"的状态,也要提升教师"引"的水平,在教学过程中要做好以下几个方面。

一、基于心理动力,培养问题意识

(一)基于观察力培养问题意识

观察是人们认识世界最重要最直接的手段之一,在观察的基础上对事物进行判断和推理,才能更深入更全面地认识事物。观察不仅仅是"看",还包括感知和思维。观察的过程首先是感知,通过视觉、嗅觉、听觉等感官的运用,进而对事物产生综合的认知,这是认识事物的初级阶段;其次是思维,对观察的对象进行加工、整理,探究本质和规律的过程。因此,培养学生的观察力,就是培养学生认知、发展思维的基本能力,为问题的产生提供生活情景、具体领域,为问题意识的萌生提供条件与可能性。

例如:教学教科版小学三年级下册科学《直线运动和曲线运动》这一课,教师先展示一幅图,问学生:"同学们,这是立交桥,请同学们观察,上面的车辆在做什么样的运动?"学生很快就给出正确答案。教师接着拿出些实验用材料,有直线轨道、曲线轨道、红色球、蓝色球,要求学生利用轨道做击球运动,观察小球在轨道中的运动状态。为进一步调动学生深度思考,教师拿出一个小球,在桌面上做推送操作,让小球滚动起来。问学生:"同学们再仔细观察,看看小球的运动有什么特点,并提出自己的质疑问题。"学生开始细心观察,有学生提出:小球滚动的路线不是纯粹的直线,但也不是曲线,如何界定其运动形式呢?有学生提出:小球运动方向是由什么因素决定的呢?……教师对这些问题做深度解析,并借助实验操作进行直观展示,让学生自然建立实验认知。

(二)基于想象力培养问题意识

所谓想象,是指人在心理活动过程中头脑中出现的客观事物的各种形象。

想象的过程就是把这些形象以不同的方式组合起来，形成新的形象或构想的一种思维过程，它需要糅合现实的经验、知识、思维等众多因素。爱因斯坦曾说：提出一个问题比解决一个问题更为重要，因为提出新问题、新的可能性、从新的角度去看旧问题，需要创造性的想象力，而且标志着科学的真正进步。观察使我们着眼于现实的发展，而想象则使我们将思维与现实密切相连，在课堂教学中通过培养想象力激发学生质疑联想，拓宽思维的空间，促使学生对未知进行创新、思考、设想，这是问题意识产生的关键因素。

例如：教学人教版小学数学六年级《圆的周长》一课时，教师要求学生用一张正方形纸，一把剪刀，不借助其他工具，只用1刀剪出个圆来。学生作品出来后，通过比较，学生发现：沿直线剪的居然比沿曲线剪的更"圆"，对折的次数越多，就越"圆"！这时，教师引导学生：

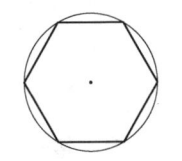

图 3-1 如何一刀剪出一个圆

"同学们，大家闭上眼睛想象一下，如果对折的次数越来越多，打开后，会是怎样？"相信同学们头脑中会浮现"割圆"的动态画面，最后教师借助电脑来演示，如下图：

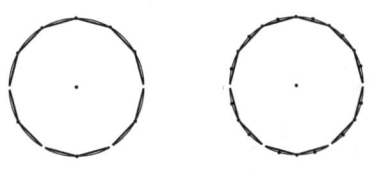

图 3-2 "割圆"动态画面

通过动手及想象活动，使学生再次经历正多边形逼近圆的过程，感受研究曲线的方法。

（三）基于好奇心培养问题意识

从好奇心产生的本质来看，首先好奇心是与生俱来的，其次还具有后天性，可以在教学过程中通过训练来强化和提升。好奇心是促使学生萌生问题、激发困惑与质疑的刺激源，教师在教学过程中要关注与掌握学生现有的知识结构与学习特点，并在此基础上对学生的好奇心给予鼓励，并创造适当的情景，以问题形式、合作探究、教师故错等多种形式呈现给学生，激发学生的好奇心，可以说，对好奇心的保护与培养是培养学生问题意识的前提和基础。

例如教学粤教版小学六年级科学《燃烧与灭火》时，如何引导学生发现并归纳出支持燃烧的三个条件（可燃物、氧气、温度达到着火点）是这一单元教学的难点。为帮助学生发现空气中的助燃物"氧气"，教师演示"小木条复燃"的实验。教师先制取一瓶氧气，用熄灭后带有火星的小木条接触氧气，这时，学生惊奇发现，小木条竟然复燃了！小木条为什么能复燃呢？是什么因素让小木条复燃呢？好奇心油然而生，强烈的探究热情引发积极思考，从而认识氧气能支持燃烧的性质。而让学生发现"温度达到着火点"这一条件，可谓难中之难。为了突破这一教学难点，教师借助"魔术表演：烧不坏的手帕"、破解"魔术秘密"的方式激发学生。教师点燃一块"手帕"，只见"手帕"燃起熊熊火焰，一段时间过去，火灭了，学生惊讶地发现：手帕竟然神奇地完好无损！教师顺势问学生："同学们，你知道手帕为什么没有燃烧吗？这个魔术的秘密在哪里？"学生猜测后，教师让学生用手摸摸手帕，是湿润的，并闻一闻气味，告诉学生是酒精，引导学生揭开谜底。原来，当酒精燃烧时，水变成水蒸气带走大量的热量，这样就达不到手帕燃烧所需要的温度，烧的是酒精，而不是手帕。这样的设计对于孩子具有强烈的吸引力，激发了学生的问题意识。

观察力、想象力以及好奇心属于学生学习的内在动力，是培养学生问题意识的三个有效工具，在课堂教学中，教师通过情景的创设，有所侧重地调动和激发学生的好奇心、观察力、想象力，激活学生的思维能力，从内在动力的角度实现学生问题意识的培养。

二、基于学习状态，培养问题意识

美国学者布鲁巴克（John Seiler Brubacher）认为："最精湛的教学艺术遵循的最高准则就是让学生提出问题。"学生的思维活动总是由问题开始，又在解决问题中得以发展。学生的学习过程就是一个不断提出问题、不断解决问题的过程。在课堂教学中，教师应给予学生发起对话的机会，给学生创造发现问题、提出问题的机会，打破只是"教师问，学生答"的传统提问教学模式，促使学生形成最佳的学习状态。

（一）让学生"敢问"

趋利避害、求成避败是人的本性，学生也不例外，他们总是追求成功，避免失败，喜欢肯定，害怕否定。学生不敢问问题，多是认为问了问题会暴露出自己在学习上没学会的地方，怕挨教师的批评，怕被同学笑话。因此，教师不仅要给予学生更多的言语表扬，而且要用微笑、点头注视、肯定的手势等对学生进行鼓励。摸摸头、拉拉手等动作都能拉近教师和学生的距离，消除学生的心理障碍，给予他们精神上的鼓舞，使学生的思维更加活跃，主动参与到学习活动中，放心大胆地提问。对学生提出的问题应认真倾听，设身处地地感受学生的所思所想，积极鼓励学生质疑问难，允许出错，允许改正，允许保留意见。课堂上，教师要尽量选择学生提出的问题作为全班研讨的任务。这样既给了提问者一个表现自我的机会，也给了全班同学一个互相欣赏、模仿借鉴的机会。

熟悉全国著名的小学数学特级教师吴正宪老师课堂的人，一定会被吴老师在课堂中引导学生辩论的场面吸引：有的学生洋洋自得地表达着自己的见解，有的学生憋红了小脸进行反驳或反问，有的学生着急地利用学具演示，还有的学生辩论到一半就"倒戈"了……再看吴老师，时而微笑着观战，时而积极地参与辩论，时而为士气低落的一方鼓气，时而招呼座位上的学生进行补充提问……多么生动的场面，多么有趣的数学课堂！这时提出问题已经成了学生的一种需要。

（二）让学生"乐问"

除了要让学生敢问，还要乐问、善问。波利亚（George Polya）在《怎样解题》一书中写道："重要的一点是可以而且应该使教师问的问题，将来学生自己也能提出。"如何引导学生会问？教师在教学中要精心创设问题情境，激发学生探索新知的欲望，让学生忍不住地想问。

例如，在小学数学教学中，有这样一道题：两个相同的直角梯形部分重叠，求阴影部分面积。（单位：厘米）

师：有困难的请说出你的困惑。

生1：上底怎么求？

师：能求出梯形上底吗？谁来帮助他？

生2：上底求不出来的，你想怎么求阴影部分面积？

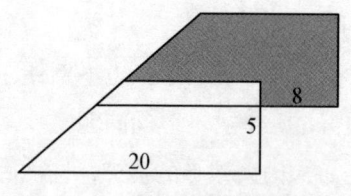

图3-3　怎样求阴影部分面积

生1：我想用梯形的面积减中间空白部分面积。

生2：就算知道上底，能求梯形面积吗？

生1：梯形的高也不知道呀。

师：说明梯形面积减中间空白部分的思路行吗？

生1：不行。

师：谁来启发他一下？

生3：你能找到与阴影部分面积相等的部分吗？

生1：我找到了，是最下面的梯形。

师：这个问题问得好！通过提问启发同学自己想明白是最好的帮助。

教师两次将球抛给学生，第一次，学生的对话使大家明确了"梯形面积减中间空白部分"的想法行不通，必须改变思路；第二次，生3提出的问题使受困同学得到了点拨。看来，"谁来启发他"比"谁来帮助他"的效果似乎更好一些。

在问题解决过程中，让学生相互启发是一种常规手段。鼓励学生"通过提问启发同学"值得提倡。因为受益的不仅是受教学生，发问学生的收益更大。能够用疑问句点出解题关键，获得理解、表达两方面的锻炼，也是一种难能可贵的学习体验。

（三）让学生"善问"

如果问题由学生提出，则更能激发学生的学习动力。

例如教学小学语文《圆明园的毁灭》一课。教师提出探究性问题引导学生质疑："在该课文的学习中，你最想知道什么？"结合课文内容，学生提出了许多问题："英法联军为什么要毁灭圆明园？""圆明园的毁灭为什么是祖国文化史上不可估量的损失""圆明园是哪个朝代建造的？""英法联军为什么对运不走的物品任意破坏、毁灭呢？""英法联军为什么要放火？""圆明园为什么是座举世闻名的皇家园林？"等等。通过筛选，教师将"圆明园的毁灭为什么是祖国文化史上不可估量的损失"作为关键问题进行讨论。在教师和学生的充分讨论下得出答案:"圆明园有着数以万计的历史文物,它们不仅价值连城,还是中国文明、世界文明的历史见证,因此,它的毁灭是不可估量的损失。"为了激发学生的情感,教师还可借助多媒体播放圆明园的历史文物图片、现今图片等等,让学生在悲愤、惋惜的浓厚情绪中更好地学习这一课,并收获感悟。通过问题的引导,学生结合课文提出问题,问题筛选后获得最值得探究的问题进行探究,能让学生在质疑中抓住课文重点。同时,在教师的探究性问题引导下,学生的质疑能力得到不断训练,进而在课堂学习中逐渐培养自身"善问"的能力。

三、基于组织教学,培养问题意识

(一) 设置问题的情境,激发学生思考兴趣

所谓设置问题情境,就是从学生熟悉的或感兴趣的社会现象、自然现象和日常生活现象出发,让学生分析解决,以引发学生的认知需求,使他们产生强烈的求知欲。

例如在教学小学数学《自行车里的数学问题》这节课时,教师通过微视频的方式展示两位同学分别骑普通自行车和变速自行车在操场比赛的场景,这时,学生头脑中会产生这样的疑问:为什么变速自行车会比普通自行车快呢?变速车和

图3-4 《自行车里的数学问题》微视频

普通车有哪些不同的地方?有效激发学生的探究欲望,拓展课堂空间。

(二) 根据学生的实际情况适度提问

这里的"适度"主要表现在:一是适当的广度和难度。所提问题以学生已有知识、生活经验为基础,不能过易,也不能过难。教师提问既要有尽可能大的广度(面向班级的绝大多数学生),又要有一定的难度。提问的难度要控制在学生"跳起来能摘到果子"的水平上。提出的问题应遵循少数学习尖子经独立缜密的思考能够解答,多数学生包括学习困难生经教师不同程度的点拨后也能

答出的原则。

如在教学小学数学《百分数的意义》一课时，潘老师先引入一组人物照片，让学生猜一猜，如果让这三人进行罚篮比赛，谁的罚篮水平会是最高？然后教师出示了投中个数（表3-1）。学生笑声哗然！心想："潘老师竟然比姚明、易建联还厉害，可能吗？"教师接着追问："谁投中的个数是最多的？潘老师的罚篮水平是最高的？你同意吗？为什么？"学生举例反驳说："如果姚明一共投了20个，但19个投中，而潘老师如果一共投了100个，只有30个中，那么姚明就比潘老师厉害了！也就是说，单凭一个量是没办法比较三个人的罚篮水平的，还必须知道投篮的总个数。"这时我再出示第2个表，追问："现在你能看出谁的投篮水平最高吗？你是怎么想的？"这时，有的学生说："应该分别用19÷25、15÷20、30÷100，算出投中个数占总个数的几分之几，然后进行比较。"还有的学生说："可以用25－19＝6、20－15＝5、100－30＝70算出没投中的个数来比较，易建联是最厉害的！"这时，全班分成两派，展开了激烈的辩论，最后一个同学举了一个反例，对方顿时鸦雀无声，他说："如果王校长也参加了投篮比赛，但他一共才投了两个球，有一个进了，还有一个没进，他没投进的个数是最少的，那能不能说王校长投篮水平最高呢？"全班同学沉默片刻后响起雷鸣般的掌声。在这样趣味性比较浓的问题情境下，学生的思维肯定是活跃的、深刻的。

表3-1 罚篮比赛（1）

人物	投中个数
姚明	19
易建联	15
潘老师	30

表3-2 罚篮比赛（2）

人物	投中个数	投篮总个数
姚明	19	25
易建联	15	20
潘老师	30	100

（三）注意设计创造性问题，发展学生的求异思维能力

传统教学中，获得知识乃是一个重要目标，因此学习的重心在于求同思维，要求在同一方面进行思考。现在的教育强调学生创造性思维能力的培养，即引导学生从不同的方向思考问题，寻求众多的适当答案，发挥自己的创造性。因此在课堂教学中，教师一定要结合教学任务，适当地多设计些创造性问题。

例如：教学小学数学《平行四边形的面积》这节课时，教师让学生看书、自学、汇报后，教师问："还能怎样剪拼？"让学生在点子图上画出自己的方法并交流（如下图）。

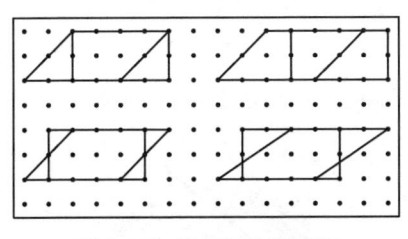

图 3-5 平行四边形面积

师：看了这些不同的剪拼方法，你有什么问题想问？
生：不同的剪拼方法有什么共同点？
生：都是沿着高剪开。
生：为什么要沿着高剪？
生：为了转化为长方形。
生：为什么不拉成长方形？（拿出平行四边形的活动学具，边拉边问）
生：因为拉成长方形面积变了。
生：我们要找出平行四边形的面积公式，面积不能变。
生：拉动平行四边形，什么不变？
生：周长不变。
生：拉动平行四边形，面积会怎样变化？
生：面积会变大。
生：什么时候面积最大？

生：拉成长方形时面积最大。

生：面积会变小吗？

生：会的，最小变成一条线段，面积是0了。

教师的一个引导性问题，兼具启发与留白，引出学生的一连串问题。学生问，学生答，促进了认识的深化，也令听课教师叹为观止。

（四）在学生思维的起点上设计问题

所谓学生思维的起点，就是他们现有的知识、经验和习惯使用的思维方式。这些东西有正确的，也有错误的。以这些知识、经验和思维方式，特别是其中错误的东西作为起点设计问题，可以激发学生的认识兴趣，发展他们的抽象思维能力，增强他们对新知识、新概念的记忆。

比如华应龙老师上的小学数学《角的度量》一课堪称经典，其中有不少环节的导学令教师们拍手称绝！以下是其中的一个教学片段：

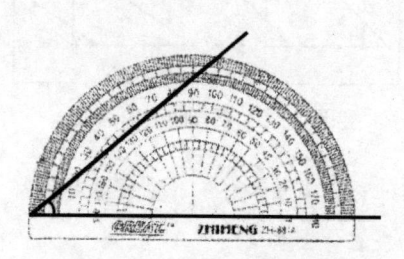

图3-6 学生初试量角器

师：怎么量角的大小呢？

生：（齐）用量角器。

师：都知道呀！那会量吗？

生：会。

师：先来试试看好不好？

生：好。

师：我们先用量角器试着量一量∠1。（学生尝试用量角器量∠1）

师：（巡视中）呦！真会动脑子，虽然没学过，有的人还真量对了。有人虽然不会量但在动脑子，我觉得也挺好的。小伙子，带着你的量角器，到前面来，把你的方法展示一下。（学生投影自己的量法后，有同学小声嘲笑，教师摇头制

止，示意学生解说）

生：我先用这个尖放到这个角上，然后看这条边。

师：那这个角多大呢？

生：不知道。

师：（摸着学生的头，微笑着说）还没学，不会很正常，但敢于尝试值得表扬。我提议大家为这样敢于尝试的精神鼓掌！（鼓掌）以前我们量长度的时候，就是这样从0开始的。这一点你做得非常棒！（热烈的掌声）要量角的大小，他已经想到了用角来比着，真不简单，这个思路非常正确！我提议大家再次鼓掌。（演示的学生在同学们起劲的鼓掌中坦然回到自己的座位上）现在的问题是我们从量角器上能找到角吗？……

"问"是一种教学方法，更是一门教学艺术。精彩的提问既能体现教师的基本功，又能启发学生的思维，真正实现课堂教学的优化。有趣、来源于现实或富有挑战性、通过努力可以获得成功并具有一定启发性的问题，符合学生知识水平的提高及与之相应的心理的发展，有利于促进学生更主动地学习。我们的课堂就是要让学生产生问题意识，善于提出问题，是学生重要的思维品质，是必备品格和关键能力，是学生的核心素养。

第三节　案例分析

一、第一个案例

（一）案例来源

华南师范大学附属黄埔实验学校张静宜老师执教部编版语文五年级上册第 7 单元 21 课《山居秋暝》。

（二）案例阐述

张静宜老师上《山居秋暝》前已经布置了预习，导入新课时，张老师很顺利地通过一个学生之口介绍了诗人王维的相关信息和创作背景。然后通过生字词教学，帮助孩子们扫清了阅读障碍，可以流利地朗读这首诗，理解了这首诗的大概含义。同时向学生介绍了格律诗的知识，每两句为一联，每一联都有名字：首联、颔联、颈联、尾联。然后以第二首诗《枫桥夜泊》为例，问第一联叫什么？学生回答是首联。这时，有一个学生举手提问："老师，第三首和前两首不一样，第三首是词，不分行，难道词句也有名字吗？"张老师肯定了他这种乐于钻研的精神，告诉孩子们，词也有名字，分别称为上阕和下阕，或称为前半阕和后半阕。

张老师在上《山居秋暝》第二节课前，给学生们找出了王维的另外一首诗——《鸟鸣涧》，布置了预习作业，让孩子们一同预习。上课时，张老师带领孩子们复习检查了上节课的内容后，便开始第二课时的教学。张老师让学生们首先圈画出《山居秋暝》里的景物。学生们很快就找出来了，找得非常齐全和准确。张老师问："请大家根据这些意象想一想，你眼前出现了一幅怎样的画面呢？"一名学生皱起了眉头，问道："老师，什么是意象？"张老师没有马上用意象的定义回答他，因为这对于五年级的学生来说有点难度。

张老师当即决定改变教学计划，引导大家关注她的提问，试着用一个词或语句去替换"意象"。让孩子们思考一定时间后，又让他们在组内互相分享交流。张老师在巡视过程中也注意倾听孩子们的交流，他们有的说就是"明月"，有的说意象就是"松",还有的说意象就是"石"等。交流结束后,张老师引导:"刚才有同学说是明月、松、清泉、石……,它们之间有什么共同点?"孩子们发现原来这些词就是刚才他们圈出来的景物。那个提问的孩子恍然大悟,原来意象是景物的意思。张老师没有马上说这样理解是否正确,而是继续问道:"如果景物就是意象,那月球是意象吗?"有人说是,有人说不是,同学们争论了起来。

张老师示意大家安静下来,引导说:"'明月松间照'中的明月是意象,为什么月球就不一定是了呢?同样是月,有什么区别?"有个孩子说明月是诗中的月亮,月球是宇宙里的行星。张老师继续解释,诗大多都表达了某种情感,而文人墨客在表达思乡时最常用的就是……有学生抢答道:"月"。张老师趁热打铁,问:这两个"月"的区别是什么?越来越多的孩子举起来了手,说诗中的月表达或寄托了诗人的情感。张老师表扬了他们,她总结道,意象简单地来说就是寓"意"之"象",是用来寄托主观情思的客观形象。这场头脑风暴至此告一段落。

张老师又以《鸟鸣涧》为例,检测课堂目标实现情况:体会诗中的动静描写。她将这首诗放映在屏幕上,作为堂上练习。让孩子们思考如下问题:《鸟鸣涧》这首诗和《山居秋暝》有什么异同?由于张老师课前布置了预习,学生们很快发现了都是写景诗,而且都有动有静,动静结合。

(三) 案例分析

张老师这节课的成功之处在于激发了学生的问题意识。五年级学生已经逐渐具备了独立思考能力,他们不满足于单纯依靠教师讲解来获取答案,求知欲强,已经积累了一定的语文诗词学习的经验,但又不够深入,在学习时会有一些疑问,这些问题意识对学生今后的发展非常宝贵。教师没有将《山居秋暝》《枫桥夜泊》《鸟鸣涧》三首古诗词句的名字都和盘托出,目的也是为了一步步催发学生的问题意识,激发他们的探究精神。

"意象"概念比较抽象,张老师的教学预案中就没有准备讲解这个概念,词的上阕和下阕也没有在张老师的教学预案中,但既然有孩子提出了这个问题,孩子们对这个问题又充满着探究欲望和好奇心,这就是一个很好的契机,张老师顺势而为,通过自主思考,小组讨论等形式辅之以启发式的提问,让孩子们在思维的碰撞中得出正确答案。这样的教学无疑会让孩子们对"意象"朦胧的认识清晰起来，有助于孩子们理解掌握抽象概念。

张静宜老师在这节课中坚持了学生是学习的主体这一理念。教师在课堂教学过程中必须尊重学生的问题意识。一节好课需要注意对学生问题意识的培养，而不能只关注教师本人所预设的教学任务有没有完成，学生的问题意识如果没有得到有效保护和提高，课堂教学也就失去了最核心的价值，属于无效或低效教学。所以要鼓励学生学会提出有价值的问题，努力发展学生的问题意识，将课堂核心素养落到实处。

二、第二个案例

（一）案例来源

华南师范大学附属黄埔实验学校翁帅老师在激发学生问题意识方面的经验体会。

（二）案例阐述

翁老师在语文课堂教学中发现一些学生只会听讲，不会提问。无论在课堂、课间、课后，还是在阅读课外书时都鲜少提出问题，即使提问也没有质量，让人哭笑不得。少数能提出问题的学生也缺乏探究问题的毅力，满足于被表扬的荣誉感和教师的一两句点拨。强化问题意识有利于促进学生知识结构的更新，提高批判意识，增强自我判断和独立思考的能力。一个富有问题意识的学生一定会取得优秀的成绩。翁老师从三个方面入手激发学生的问题意识。

1. 课前预习，培养习惯

凡事预则立，不预则废。翁老师非常重视学生的预习，除了预习字词句，还要求每个学生针对课文提出一个问题。一开始有些学生不知道什么叫"针对课文提出一个问题"，但她坚持做下来，坚信这样做学生终将会有收获。如在《桂花雨》一文中，有学生提出"杭州的桂花和家乡院子里的桂花哪一个更香"的问题，在《什么比猎豹的速度更快》一课中，有学生提问"除了课文中提到的事物，还有什么比猎豹的速度快""他们究竟比猎豹的速度快多少倍"等，这些问题看起来很简单，但对问题意识薄弱的学生来说，就是一个很大的进步。

2. 增加经验，培植土壤

增加学生的学习经验，学生所学越多，问题才会越多。让学生在日常学习中多观察、多体验，鼓励学生多读书，不断拓宽知识面，增加学生的直接经验和间接经验，构建学生必要的知识框架。教师平时授课时也适当拓宽学生的知识面，鼓励孩子在观察中思考，在实验中思考，在劳动中思考，在学习中思考。这对教师提出了更高的要求，备课时需要做足准备，钻研教材，扩充自己的科学知识，预设学生可能会遇到的问题和提出的疑问。在教学过程中，注意引导学生思考和提问，并尊重学生的想象力和好奇心，要保护孩子提出问题的积极性，有些孩子提出的问题没有质量，教师也要因势引导。

如学习《古诗三首》时，翁老师查阅了相关历史知识、历史地图、作者生平、其他作品、本诗写作背景、他人评价等。授课时翁老师提醒学生注意诗句中出现的地名，提示这些地名分别代表着不同的含义。学生果然问："老师，到底九州、中原、西湖、杭州、汴州哪个代表南宋，哪个代表北宋，我怎么区分呀？"由于翁老师课前做足了功课，她出示提前准备好的宋朝地图，将这些知识用通俗易懂的语言表达出来，帮助学生理解。

3. 抓住机会，教会方法

授人以鱼不如授之以渔，不是所有问题都由教师给予解答。教师要为学生解惑，更要教会学生自己解惑的方法。在学习《猎人海力布》时，有学生问："老师，海力布是猎人，鹰和蛇都是动物，为什么他要射死老鹰救下小白蛇呢？"班上其他同学也纷纷议论起来，掀起了讨论热潮，翁老师意识到这是培养学生问题意识的好机会，但一时难以在课堂上讨论出结果来，当即表示这个问题留到课后再讨论。

翁老师布置了"关于《猎人海力布》的奇思妙想"作业，鼓励学生们思考这个问题，搜集相关资料加以整理，在下次课时用自己的口头语言表达出来。这个问题在学校五年级同学中流传开了，课间都能听到同学们在交流。学生通过查找资料了解到，鹰是蒙古族的图腾之一，主人公海力布是蒙古族人。有个学生这样汇报：因为在蒙古族人的眼里，鹰是勇敢、正义、自由、善良的化身，但是文中的鹰却伤害一条弱小的小白蛇，海力布看到小白蛇如此可怜，心生怜悯，于是射鹰救蛇。

有学生联想《农夫与蛇》的故事，提出疑问："海力布救了蛇，得到了回报，但是农夫救了蛇，却被蛇害死了，这是为什么呢？"学生联系以前所学，对不同作品的异同进行比较分析，这就是进步。一个学生这样汇报："《农夫与蛇》是寓言故事，寓言故事通常是要给人们讲道理，在那里蛇是邪恶、丑陋和恐惧的象征；而《猎人海力布》是一个民间故事，民间故事主要是表达人们对美好生活的向往和美好品质的赞美，主人公海力布是个好人，好人做好事应该有好报。"听着孩子们的发言，充满着收获的喜悦，一个问题在学生中引发了大讨论，不管每个孩子对问题的答案如何，他们都已经体会到"解题"的乐趣。

（三）案例分析

学生只是听讲而没有问题，原因很多：有的学生对教师所讲内容不感兴趣，没有真正参与到课堂教学中，他们人在课堂，神游天下；有的学生虽在听讲却没有思考，大脑处于被动接收状态；有的学生听不懂教师所说内容或跟不上教师上课节奏。学生思维如果处于上述状况，教师的课堂教学则是低效的甚至是无效的。

学生被动听讲，不爱思考的关键原因在于学生的内在动力不足，学生的观察力、想象力、好奇心没有被教师激发出来，学生处于被动学习的消极思维状态。造成学生这种思维消极状态的原因除了学生本身以外，往往就在教师身上，教师习惯于讲授法、习惯于太过关注课堂教学进度，为了完成课堂教学任务而忽视了学生的问题，甚至直接批评爱提问的学生等，这必然会打击学生的思维积极性，学生的问题意识被磨灭了。

翁老师激发、培育学生问题意识的这些做法值得借鉴。课前预习可以让学生提前做好准备，明确将提出问题作为学生的学习任务，这是任务驱动。同时，采用多种方法、调动学生的多种感官去感受世界，增加学生的感性经验，创造一个让学生敢问、乐问和善问的课堂教学氛围。坚持下去，学生的问题意识必然会增强，提出问题的质量也会随着时间的推移而逐步提高，更重要的是培养了学生开动脑筋的习惯。

举一个反面的案例：一年级下学期有一篇课文《乌鸦喝水》，学生学了这篇课文后都非常喜欢乌鸦，因为乌鸦很聪明。二年级上学期又有一篇关于乌鸦的课文，叫《乌鸦与狐狸》，狡猾的狐狸骗走了乌鸦叼在嘴里的肉。同样是那位教师，同样是那班的学生，教师只按教材教学，上个学期说乌鸦怎么怎么聪明，这个学期又说乌鸦怎么怎么愚笨。一位坐在课室后排的同学低低地举起了小手想发言，教师看到了，但没有理睬她，继续教学。这位同学以为自己的手举低了，教师没看见，就把手举高了点，教师还是没有理睬她。快要下课了，这位同学也忍不住了，就举着手站了起来。教师一看也火了，"张小红同学，你到底想干什么？"小红同学说："老师，上个学期乌鸦很聪明，怎么这个学期就变蠢了？"教师更火了："闭上你的乌鸦嘴。"

张小红同学不该有想法、不该向教师提出问题吗？应该！教师就该不让学生思考、不让学生说出自己的想法吗？不应该！这位教师太过执着于完成他所设计的教学任务和教学内容，垄断了课堂教学的主动权，不愿意将主动权交给学生，这样的课堂教学不仅是低效或无效的，而且是有害的：掐灭了张小红同学正在萌发中的课堂核心素养之一——问题意识。

三、第三个案例

（一）案例来源

广东省汕头市澄海区实验小学潘少伟老师执教义务教育课程标准实验教科书粤教版六年级《科学》上册第一单元《燃烧与灭火》第一课时。

（二）案例阐述

潘少伟老师在课前作了充分准备。上课时，潘老师结合日常生活中的燃烧现象和人们利用燃烧过程中产生光和热为生活服务的实例，提出问题：生活中还有哪些地方利用了燃烧？关于燃烧，你还想知道什么？激发学生的探究兴趣。学生回答后再板书课题：燃烧的条件。他接着做了三个实验来验证燃烧的条件。

实验一：认识可燃物是燃烧的条件之一。潘老师提问："生活中是不是所有的物质都可以燃烧？哪些物质不可以燃烧？"这一问题立刻激活了学生的认知联想，学生举出了很多例子，教师继续引导：猜想是科学发现的前奏，要想证明你的猜想是否正确，还需怎么办？当学生提出通过实验验证后，潘老师让学生讨论应该怎样做实验，先介绍实验器材的名称，引导学生讨论：你们组准备按照怎样的步骤开展实验？在做实验时要注意哪些问题？学生汇报后课件出示"实验注意事项"。

学生分组实验后，教师做小结：像火柴、纸等这些可以在空气中燃烧的物质我们叫它"可燃物"，通过实验，同学们知道可燃物是燃烧必须具备的条件。

实验二：燃烧需要氧气。让学生点燃酒精灯，仔细观察，当盖上灯帽后，酒精灯还能燃烧吗？这是为什么呢？

图3-7　酒精灯燃烧实验

学生汇报，有的说灯帽里没空气可以支持燃烧，有的说火是被灯帽给盖灭的。教师引导："你能利用我们现有的器材模拟这种情况再设计一个实验来证明吗？"然后让学生设计并汇报设计方案。引导学生利用两根蜡烛和烧杯分组做实验，课件出示并强调小组"实验注意事项"后开始指导学生实验：①点燃两支蜡烛，然后用烧杯罩住其中的一支，观察发生的现象并记录在书中；②小组长负责安排实验过程，注意安全，避免点火时火焰靠同学太近，避免碰到课桌，影响蜡烛的稳定性；③实验结束后应该及时熄灭蜡烛，整理好实验器材。

实验结束后各小组讨论实验现象并汇报结论，教师做小结：看来空气里面应该有某种物质能支持燃烧，这种物质就是氧气，是氧气在支持燃烧。接着，潘老师演示了一个小实验"能使小木条复燃的氧气"，用熄灭后带有火星的小木条接触教师预先制取的一瓶氧气，引导学生观察火柴复燃的现象，并认识氧气能支持燃烧的性质，进一步体会到科学真理要经过实践来检验。

实验三：燃烧需要温度达到着火点。教师提问：有了可燃物，有了氧气，物体是不是就一定能够燃烧起来？老师的衣服是不是可燃物？老师周围有没有氧气？老师的衣服为什么没有燃烧？问题串激发学生的积极思维，学生回答：没有火源。教师接着出示火源，又问：我的衣服为什么还是没有燃烧呢？学生说因为没有接触到衣服。教师接着追问：如果火源与衣服靠得很近很近，但是没有接触到衣服，衣服能燃烧吗？为什么？教师根据学生的猜想板书：温度达到着火点。教师做了一个模拟实验：把火柴放在铁盘上，用酒精灯加热铁盘，火柴燃烧了。学生模仿教师做这个实验，并讨论：火柴也是没有接触到火源，为什么会燃烧？这说明了什么？如果把纸放在铁盘里，纸会燃烧吗？哪种物体更容易点燃？这又说明什么？学生回答："不同物体的着火点也是不同的。"教师小结：温度达到着火点时，可燃物才能燃烧。

潘老师联系生活继续提问：物体燃烧时，是不是必须同时具备三个条件燃烧才能继续？出示炉火燃烧时出现的三种情况。

引导学生讨论、思考：①如果我们不继续往炉里添木炭，炉火还能一直燃烧吗？为什么？②如果我们把炉门关得严严的，一点气也不通，炉火还能一直燃烧吗？为什么？③如果我们把炉里正在燃烧的木炭夹出来，放在水中，木炭还能继续燃烧吗？为什么？教师小结：如果缺少其中的任何一个条件，物体就没办法燃烧，或者说，如果我们破坏了其中的任何一个条件，燃烧也没办法进行，就可以达到灭火的目的。

图 3-8 炉火燃烧实验

在生活中我们可以根据学到的知识做很多事情。如锅烧得太热油着火了，妈妈为什么当机立断地盖上锅盖就能灭火，这是为什么呢？魔术表演中也蕴涵很多燃烧的知识。潘老师表演了魔术：烧不坏的布。然后提问：手帕为什么没有燃烧？这个魔术的秘密在哪里？

这两个现象再次把学生探究的热情推向高潮，学生应用学到的知识分析现象，解决问题。

最后，潘老师让学生谈收获，然后教师进一步总结。利用火是人类的一大进步，燃烧能为人类带来光明和温暖，燃烧引起的火灾也可能在瞬间将生命财产化为灰烬，因此我们要科学地利用燃烧。最后布置作业：上网或向家长了解生活中常用的灭火方法有哪些。

（三）案例分析

潘老师这节课突出了"问题驱动"的探究式课堂教学特点，从提出问题、作出大胆猜想、寻求方法途径，到实验验证、观察记录、得出科学结论，整节课学生始终处于积极的学习状态中。问题驱动的探究式教学与任务驱动的探究式教学有本质区别：问题驱动更多地着眼于激发学生的问题意识；任务驱动更多地着眼于完成教师预设的教学任务，这显然不是我们追求的课堂核心素养目标。

潘老师善于营造问题探究氛围，创设问题式的情景，为学生产生兴趣、激发问题意识创造了条件。这节课科学味浓，在探究燃烧的三个条件时，都采用"设疑——猜想——实验验证——汇报总结——拓展运用"的流程进行，设计符合学生的认知规律和科学课的特点，从抽象到概括、到运用，层层深入，环环相扣，让学生感受到生活中处处有科学。除了学会科学知识，还掌握了做实验的方法。

这节课趣味性强，学生参与的实验较多，在实验中享受到动手之乐、探究之乐、合作之乐。有趣的实验让学生感到神奇和惊讶，有效地调动了学生学科学的兴趣。这节课还具有浓浓的生活味，图片和实际例子来源于生活，从学生所熟悉的生活例子研究燃烧的条件，再用学到的知识帮助解决生活中的实际问题，学以致用。

第四章

合作分享

  课堂活动也是社会生活,每一堂课都是要解决一些具体问题的,问题的解决除了靠学生个体自身外,还需要大家的共同努力,这就是合作。课堂里除了自主学习,还必须有合作学习,合作与分享不仅仅是学习的方式,更是一种品格,是学生在课堂里应该生成的核心素养。

新课程新标准都要求教师重视引导学生在课堂上开展合作学习，充分发挥学生的积极性和主观能动性，培养学生的合作意识和合作能力，分享学习成果，激活学生的学科思维，让学生拥有更大的进步和成长空间，促成学生的全面发展。合作分享是一种很好的品格，也是一种生存和发展的能力，在课堂里应让学生达成这一核心素养。

第一节　合作分享的基本内涵

合作分享是新课程实施以来积极倡导的一种教学方式，它有助于学生综合能力的提升和发展。为此，在课堂教学中，教师要结合教学要求，从充分尊重学情出发，设计科学有效的合作分享活动，引导学生开展互动交流，通过合作方式完成学习任务，培养学生合作意识和合作能力，发展合作分享的课堂核心素养。

一、合作分享的含义

合作分享，就是教师在实际课堂教学过程中按照性别、性格、特长和学习能力等方面的情况，把学生分成若干个小组，并将教学任务分配给各小组，各小组学生协同配合、相互帮助、分享研讨成果。教师在课堂上引导学生开展合作分享活动，能够调节课堂气氛，提高学生学业水平，促进学生形成良好的人际交往能力和心理品质。

合作分享的理论本质是在实际的教学中，教师为了完成既定的教学目标而实施的课堂教学活动，其主要目的在于将教学内容内化为学生的情感需求，其性质主要包括教师的主导性、学生的主体性和师生的互动性。教师在教学中遵循科学的理念、方法和教学模式，开展适时的合作分享，创新教学的某一环节，真正实现学生的相互激励，共同发展。

在实际的教学中，教师需要不断地探索与感悟，合作分享不是单纯的学生间的学习方法，也不是通常意义上的一个学习策略，它主要是针对每一个学生在学习过程中所出现的最为直观的问题而采取的一种达到教学目的的手段，这种手段在这个过程中能够潜移默化地影响越来越多的学生。对于教师来说，教师一定要全面地综合分析课堂上的合作分享，学习如何有效地去运用并且巧妙地将其结合到自己的日常教学中来。

二、合作分享的特征

合作分享是新课程实施以来积极倡导的一种教学方式，它有助于学生综合能力的提升和发展。从合作分享的含义上分析，课堂上实施的合作分享大致具备如下几个方面的特征。

1. 其基本组织形式为以小组为单位的合作分享

合作分享以小组结构的形式融入课堂教学之中，构建了以小组合作学习为特色的课堂教学结构。心理学研究表明，每个人都需要有一种归属感和安全感。这种归属感和安全感表现在班级里，就是每个学生都要归属于一定的群体。小组的引入，使每一个学生获得安全感和归属感，创造了一个充分交流和分享的环境，为每个成员提供了平等参与的机会，对于激发学生合作行为必然会产生深刻的影响。

2. 其主体为相互依赖的合作分享活动中的小组成员

在小组中，成员之间是一种同舟共济、荣辱与共的相互关系。合作分享任务的顺利完成，需要成员之间的相互依赖。每个人都要为所在小组的其他同伴学习负责。教师的教学设计、实施、评价以及奖励都应当立足于小组成员的互赖性，着眼于学生与学生之间积极互动的普遍性。

3. 其成功的重要前提取决于小组成员个体责任的达成程度

个人责任是指小组中的每个成员都必须承担一部分的任务，掌握所分配的任务，积极承担在共同任务中个人的责任。小组的成功取决于所有组员个人的学习。社会心理学的研究表明，在群体活动中，如果成员没有明确的责任，就容易出现成员不参与群体活动，逃避工作的"责任扩散"现象。正是由于这种社会心理效应，在缺乏明确的个人责任时，小组就会演变为学生逃避学习责任的"避风港"。

4. 其评价和奖励的主要依据为小组合作分享的集体成绩

小组合作分享改变了传统班级教学中以个人成绩为标准、以个人作为奖励对象的做法，而是将小组成绩作为评价和奖励的主要依据，从而使成员对个人的关注，转变为对他人的关注，将班级授课制中的个体竞争变为了小组竞争，使每个人都对小组产生归属感和认同感,增强了学习小组的集体荣誉感,培养了合作精神。①

三、 合作分享的意义

学生的发展,主要是靠自己的努力,也需要教师的引导,更需要同伴的帮助。合作学习是同伴帮助的最重要的形式,一个善于合作分享的学生,他进步的速度就更快。在当今社会,每个人的发展,都必须与人合作,如果一切事情都不与人交流,只是孤军奋战,将会浪费许多时间和精力,因为不少疑难问题,对自己来讲是问题,但对别人来讲可能是早已解决的问题,只有与人交流与合作,才能使问题得到更快解决。所以,交流分享是一种很好的品格,也是一种生存和发展的能力,在课堂里应让学生达成这一核心素养,其意义不言而喻。

1. 合作分享可以提升学习效率

合作分享是小组间统一进行的活动。学生可以将课上教师的任务进行转换,变成小组之间的学习。很多学生在课堂上没有掌握的新知识点,可以在合作学习的过程中在与其他同学的讨论、分享中得到更好的解决方案,甚至会出现更具有创造性的答案。在学习的过程中,答案是不标准的,教师不能够去片面地否定一些答案,而应该在这个答案的基础上进行认真地分析与引导,从而提升学生的理解能力与学习效率,使学业成绩能够得到整体性的提高。②

传统教学方式以教师讲解学生记忆为主,这种教学方式不仅不利于学生思维能力的提升和发展,同时还会打击学生学习的积极性,影响学习效率。开展小组合作分享的学习可以让学生掌握学习的主动权,学生拥有发挥自身特长的机会,增进学生之间、师生之间交流互动,活跃课堂氛围,激发学生探究学习的动力,自发地参与到合作学习活动中来,在相同的时间内学生能够收获更多

---

① 张茜. 透视"小组合作学习". 华东师范大学硕士学位论文,2007.
② 宋国瑞."合作学习理论"下互教学习模式的研究与实践. 东北师范大学硕士学位论文,2016.

的知识技能，学习效率大大提高，同时还能保护学生学习的兴趣，形成良性循环，促进学生全面发展。

2. 合作分享可以更关注学生的个体差异

在班级集中授课制中，由于学习者在性格、动机、态度、能力等方面都会存在差异，其学习的不同需求经常得不到适应和满足。课堂上的小组合作分享虽然不能在这方面解决所有的问题，但可以起到积极的推动、促进作用。由于学生们获得了大量的语言交流练习时间，在小组活动中不同水平的学生可以自由、大胆地说话，分享学习所得，这样就满足了不同水平学生的学习要求，极大地调动了他们的学习积极性、主动性和创造性。

在课堂上，教师在实施小组分享活动时，要做到科学引导，要置身于其中，特别要关注并帮助一些成绩稍差或性格比较内向的学生转变学习态度，积极地思考、探索，开展小组合作分享，真正使学生享受到公平的学习机会，使学生明确每一个成员在小组合作中学习的重要性，最终达到全员参与的目标。

3. 合作分享可以促成和谐的师生关系

课堂上的合作分享改变了传统课堂中教师与学生之间的"主从关系""上下级关系"。教师不再仅仅是语言的灌输者，而是教学活动的组织者（充分准备分组活动）、指导者（使学生明确活动的任务与要求）、监督者（及时发现问题，适时纠错）和促进者（推动并收到活动效果）。而学生则由原来的听讲者，变成了积极主动的学习者、研究者和参与者。学生之间的相互竞争转化为相互合作的良好关系。

4. 合作分享可以培养学生合作精神和人际交往能力

在合作学习中，学习的成败，往往取决于小组成员间合作的好坏。为了达到共同的学习目标，小组成员之间必须相互了解、彼此信任，经常进行交流，互相帮助和支持，还需要妥善地解决可能出现的各种矛盾，同学之间建立起一种融洽、友爱的亲密伙伴关系。不仅如此，小组合作学习还表现在与社会方方面面的联系中，社会调查、访谈、外出收集资料、向专家请教等等，不仅需要合作伙伴的同心协力，而且要独立地运用社会交往技能去争取成功。因此，小组合作学习对于学生的合作精神和人际交往能力提出了更高的要求，也提供了更多的锻炼机会。

教师引导学生在课堂上开展合作分享活动，可以很自然地将互动的中心更多地聚焦在生生互动之间关系的拓展上。合作分享理论认为，生生互动是教学系统中尚待进一步开发的宝贵的人力资源，是教学活动的不可缺少的重要因素。在小组合作分享过程中，每个学生都是带着自己的认知倾向、思考方式和价值观念参与到集体学习中，在共同讨论各自见解和进行社会性协商的过程中彼此启发、相互激励。因此，每个学生均可从互动中受益，促进每个学生的合作精神和人际交往能力的提升。这对于我们正确地认识教学的本质，减轻师生负担，提高学生参与度，增进教学效果，具有重要的意义。

四、合作分享的教学原则

不求人人成功，但求人人进步是合作分享的重要理念之一。其目的是通过合作学习，开发利用课堂教学中的人际互动资源，使学生获得合作的技能和技巧，获得自尊和自信，为学生的可持续发展打基础。课堂上的合作分享迎合了新课程改革中学习方式变革的需要，故其被广泛应用于课堂教学。在课堂教学中，合作分享通常要遵循如下几个原则。

（1）科学性原则。小组合作学习应尊重科学，按客观规律办事。既不能盲目采取强制措施，也不能放任自流，应从学生的实际出发，从学科学习规律出发，使小组合作学习在正确引导中进行控制和优化，具体表现在：合作学习过程要符合学科学习的认知过程，有利于学科思维的发展，适应于学科学习的方式。

（2）主体性原则。小组合作学习应遵循学科学习论，按照学生的各种不同需要来组织学习，在课堂上应充分发挥学生的主体性。由于学生主体性得到了体现，自然会产生求知欲望，会把学习当作乐趣，最终进入学会、会学的境界，使小组合作学习进入良性循环阶段。

（3）反馈性原则。在小组合作学习中，学生自主的合作学习成为学科课程教学的主体，因而学生在某些学习内容上达不到学习目标，有时在理解上出现偏差，有时在应用上不够准确，这就需要在课堂上及时反馈，及早发现问题，采取措施，加以处理解决，有利于提高学生的学习信心和兴趣。

（4）开放性原则。小组合作学习的过程应是学生主动学习的过程，它不仅是一个认识过程，而且也是一个交流、合作和分享的互动过程，这就需要更多的时间和空间，让学生学习感兴趣的东西，使他们在充满兴趣的活动中认真思考、研究，并大胆猜想，以期望迸发出创新的火花。[1]

---

[1] 郭传省. 小组合作学习的研究. 山东师范大学硕士学位论文. 2003.

第二节　合作分享在课堂的实施

课堂里除了自主学习，还有合作学习和探究学习。合作分享，就是在课堂里要开展合作学习，同学之间要不断地分享学习的成果。如何在课堂里开展合作学习呢？下面具体介绍一下操作的方法。

一、合作化课堂学习常规训练的操作方法

1. 组建小组

首先以"组间同质，组内异质"的原则对全班学生进行分组，每组 8—10 人，以"T"形方式就座。每班学生共被分为 5 大组，每组的组员相对固定。其中，1 号位和 5 号位分别是四人小组的组长，5 号位学生兼任大组长。

4	5
3	6
2	7
1	8

图 4-1　"大组"成员座位分布图

2. 认识小组

小组建立后，教师分步让学生认识"小组"这个抽象的概念。

（1）认识大组：首先，明确自己在第几小组。全班共分 5 大组，教师首先告诉每一组的学生自己所属第几小组，并在黑板上画图帮助学生辨识。每个小组的学生商讨后为自己小组起个组名，便于记认。

（2）认识小小组：每 8 人的大组内分成两个 4 人小组，名曰"小小组"。组号为 1、2、7、8 的学生为一 4 人小组，组号为 3、4、5、6 的学生为另一 4 人小组。

（3）认识同桌：在合作分享学习中，更多地需要同桌合作，因此认识同桌非常重要。按座位划分，同桌分别是：1—2，3—4，5—6，7—8，共 4 对同

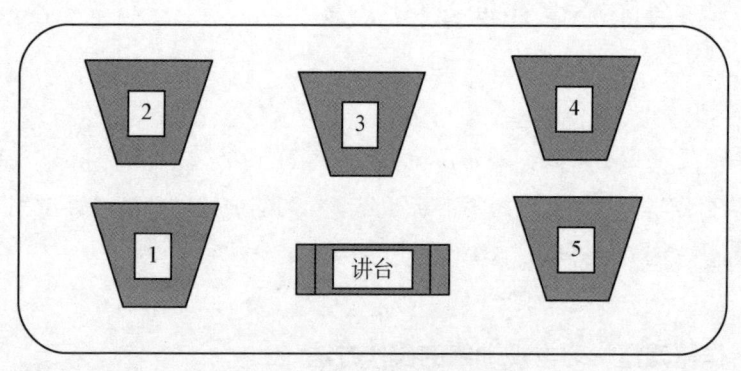

图 4-2　全班各大组位置图

桌。在这个环节中，教师组织同桌的学生通过简单的组内交往活动来相互认识。如，同桌两个学生手牵手，明确同桌是谁；配合课堂组织的口令玩游戏——"同桌学习，面对面"，同桌身体相互对着，强化同桌的概念。

（4）认识单双号：同桌两个学生中，肯定一个是单号，另一个是双号。通过"看谁反应快"的小游戏，教师喊"单号"，单号的学生马上举手，反之亦然。如此反复的游戏训练后，基本能帮助一年级的小朋友强化认识"单双号"。

小组合作学习要从小学一年级就开始进行，从小培养合作分享的习惯和品格，当然在高年级新组建的班级进行分组，方法类似，但操练应根据学生的年龄特点。

3. 小组分工

（1）明确的分工：小组内，每一个学生都有明确的任务，为小组的学习生活贡献自己的力量，为小组的集体荣誉而共同奋斗。

表 4-1　"大组"成员任务分工

1 领资料 发作业本	2 收语文作业	3 地面保洁	4 收数学作业	5 提醒员 （收拾桌面、 课前准备等）
6 收作业登记本	7 收通知单、手抄报等	8 纪律管理		

随着年级的提高，小组的分工要作相应的调整，以完成学习任务为原则。

（2）组长的分配：8人小组内，每4人小组设一位小组长，分别坐于"1"号位和"5"号位。这两人中，其中一人兼任大组长，管理8人组。

4. 小组奖励

（1）奖励原则：作为教师组织课堂、调动学生学习积极性的一种有效措施，小组间进行评比。每完成一项学习任务得到相应的分数（奖励卡）。奖励的时候，注重奖励小组，淡化个人所得的成绩，激励小组相互监督、互帮互助、共同进步。

（2）"成长树"激励：每个小组拥有一棵"成长树"，贴于课室的显眼处，让学生对自己组的奖励情况一目了然，同时也能看到其他组的获奖情况。其中，教师把"奖励卡"放在讲台，每组固定一位离讲台最近的学生负责领卡，而无须每一次都由教师发放奖励卡。小组奖励中，每得到一次肯定就可以得到1张奖励卡，每10张奖励卡换1片树叶，每10片小树叶可换1朵小花，每10朵小花结1个果子，最后计算每棵树的"结果"情况。这样"逢十进一"的奖励方式简单易操作，学生也很容易明白。

5. 常规训练

（1）坐姿训练：训练初期，教师要让学生熟练掌握课堂用语，身随意动。如，课堂组织语言师生对话的口令有：

① 当口令是"请坐好——我坐好"时，学生面向课桌，脚放平，腰挺直，双手平放于桌面；

② 当口令是"看黑板——请转身"时，学生坐姿发生变化，转动身体面向黑板。要求：椅子不动、身体转动；转动过程中不能发出声音；面向黑板就座时，一手平放桌面，一手搭在椅子的靠背上。这样两手有要求地放好后，减少学生双手做小动作的机会。

（2）开火车训练：

① 组内顺号开火车：教师发出指令"火车火车哪里开——火车火车这里开，这里开！"后，学生顺着号数站起来发言。

② 组间一起开火车：教师发出指令后，每组相同号数的学生一起站起来发言。

③ 小组按顺序开火车：全组同学一起回答问题，1组答完到2组，依此类推。

（3）课间离位训练：下课前，要求所有学生把桌面的所有学习用品全部放置在抽屉里，椅子轻轻地摆放于课桌下面。当做到这些要求后，教师才发出下课的指令。

（4）组内走位训练：当学生熟知自己的组号后，训练学生每日按号数换位。每天早上，学生回校后，原1号位的学生自觉地到2号位置就座，原2号位的学生自觉地到3号位置就座，依此类推。

（5）组间换位训练：每周，每大组换一次位置。每周五放学前，任课教师组织学生收拾好书包后，1组同学去2组就座，2组去3组就座，依此类推。"组间换位"建议在周五放学前把位置相对明晰清楚，避免周一早上回校由于组内走位与组间换位一起进行导致的混乱。

二、合作分享在课堂中运用的主要方法

在合作分享的方法中，结构法是我们比较容易接受和操作的方法。所谓结构，就是对学习程序和要求的规定，结构＋内容＝活动。

在考察各种实用的合作学习法的时候发现，大部分的合作学习方式，不管涉及的人数多少，运用什么结构，最基本的形式和人员配搭依然是两两配对。这正验证了季亚琴科所说的"不固定的两两配对"是最理想的教学组织形式的说法。"不固定的两两配对"的学习形式，能最大限度地让最多的学生进行同时互动，同时，也能让不同的学生都能得到互相合作的机会。这恰恰是合作学习的基本精神。所以，大多数合作学习的结构法设计，都是以"不固定的两两搭配"的学习形式为基础的。

经过多年的实践和思考，认为以下的合作分享的方法最为常用和实用。

1. 编号抽签

一种基础性的课堂操作方法。即在小组的合作学习之后，随机地抽签提问汇报，汇报者即代表了整个小组的成绩。其目的在于促进个体责任和提高学习的竞争性。但注意不能滥用，同时需要提供足够的小组学习和互助准备的

时间。

2. 组对学习（两两搭配）

先是个体学习（听讲和独立思考，可写下来），然后组对进行交流、综合、互助或评价。这是大部分合作学习法的基础。

例如，在小学语文学习中，最常用的组对学习方法和内容包括：

（1）相互朗读与聆听评价。

（2）拼音卡片、生字词语卡片的互考互助评价。例如，轮流摆放卡片在桌面上，同伴读出，聆听反馈，互助纠正。

（3）简单作业的互评互改。

（4）简单对话练习与口语交际。

（5）对阅读理解问题的简单交流。

3. 任务组和共享组

给组对小组布置具体的任务。任务基本完成后，指示学生们找小组内另外的同学做伙伴，交流各自组内综合的看法。

这是组对学习的进一步延伸。它强调组对学习结果的综合。所以学生在组对学习中需要认真聆听同伴的观点，并把同伴的观点和自己的观点综合起来进行表达。

4. 三步访谈

基本操作方法为：

（1）组对同伴分别进行单向表述（或者问答），另一个人聆听记录。

（2）然后轮流向小组内其他成员转述对方的观点，另一个人聆听补充。小组的其他成员聆听记录。

（3）这样，到最后，整个小组的每个成员都能得到一个完整的小组信息。当然，这种小组结果有两个方向：一个是"前进的雪球"，集思广益；一个是"后退的雪球"，去芜存菁。

这种合作学习方法，可以说是语言信息学习的经典模式。它完整地体现了"信息收集——信息记录——信息整理——信息表达"的过程。在学科应用上，这种方法可以理解为比较重要的学习问题讨论的基本方法。

例如，在小学语文教学实践中，应用"三步访谈"，创造了一种"访谈作文

第四章 合作分享

练习法"，也称"我帮你写作文"。基本程序如下：

（1）对作文要求独立思考；

（2）互相向同伴提问，记录和获取对方的思考的信息；

（3）整理信息，补充提问；

（4）根据信息记录，帮对方写作文；

（5）把作文初稿交换，提出补充信息和修改意见；

（6）作文修改，定稿。

5. 三人走，一人留

这是在三步访谈后，进一步地扩大交流范围，把合作从小组走向全班。具体程序为：

（1）小组完成交流和讨论并做好记录后，留下一个同学作讲解员；

（2）其他成员分别到不同的小组听取讲解；

（3）走的组员回到自己组内，交流所得，并共同改善自己小组的作业。

6. 组合阅读（专家组阅读）

基本程序为：

（1）每个组员都有一份独立的不同的阅读材料，独立阅读与思考教师布置的学习任务。例如，一篇文章的不同段落，不同部分。

（2）然后任务相同的组员组成专家组，专家组围在一起研究各自的部分，并完成教师布置的学习任务和要求。

（3）随后，他们回到各自小组，教授本组成员自己掌握的一部分。本组成员将所有的内容归纳，完成任务。

（4）最后，教师对全班进行独立的整体测验。

在小学语文教学中，有一些篇幅较长的文章，内容上很明确地分为几个部分的，都可以应用此方法进行教学。例如，《美丽的小兴安岭》一课，就可以把学生分为春、夏、秋、冬四个专家组进行合作学习。

7. 合作辩论

第一步，了解辩论话题，独立思考；

第二步，将小组分为正反两方，准备陈述观点；

第三步，双方陈述自己的观点立场，在一方陈述时，另一方应做记录并保持沉默；

第四步，自由辩论；

第五步，改变立场，正方变反方，反方变正方；

第六步，不再指定立场，让组员陈述各自的立场，力争达成一致。

例如在小学语文口语交际教学中，以及高年级的论说文起步教学，都可以应用此方法，开拓学生的思辨能力，发展语言的表达能力。

8. 轮盘转

其基本程序为：独立书写——循环传递——停顿与讨论——汇报与评价。可分为"同时写"和"轮流写"两种。也可以迁移为"轮流说"。

在词汇学习和扩展应用上，可做"词语接龙"。

在训练语言表达和写作技巧时，可做"作文接龙""句子接龙"等。

9. 合作检查评价与测试

事实上，大部分的学生作业练习，都可以实现学生自改、互改，甚至，学生可以自己出题。我们应该把评改作业作为学生提高学习效能的重要学习方式。

例如小学语文或英语的生字词（单词）听写。操作程序如下：

（1）自主出题（思考最难的几个生字词或单词，写下来。可以提前作为家庭作业）。

（2）组内两两配对互相听写，互改。

（3）组内讨论，形成新的听写题（选择最难写难记的字词）。

（4）兄弟组互相派主考官，互相听写。

（5）兄弟组对应号码同学互改。

在作文教学中，包括日常的小练笔，我们几乎每篇练习都让学生经历同桌、小组、组间等层次和形式的合作评价，这对学生的语言纠错能力的提升起到很好的促进作用。

10. 卡片游戏学习（以拼音教学为例）

游戏一：你摆我读

（1）学习卡按类别分放，并按教学进度分别用橡皮筋捆好。如教学"ｂｐｍｆｄｔｎｌ"，课前就把这8张学习卡捆在一起。游戏时，橡皮筋统一规范地捆在

第四章　合作分享　103

左手拇指上，左手拿整理好的卡片，右手一张一张地抽取游戏所用的卡片。

（2）课堂上，同桌两位同学，单号摆学习卡，双号读出学习卡的声母（或韵母）。如果读错了，由单号教双号，读对了则整齐地把卡片摆放在桌面。

（3）边读边摆，同桌两位同学相互监督读音是否正确，起到识记、正音的作用；同时，当遇到学习困难的时候，能及时得到同伴相助。

游戏二：听音找卡

（1）同桌两个同学看着桌面摆放的学习卡，耳朵听着教师读出的字母，共同把听到的声母（或韵母）找出。

（2）教师读声母（或韵母）时，刻意地把该字母的发音特点突出，抓住每次机会给学生输入正确的读音示范；并适当地多呈现形近、音近的声母（或韵母），帮助学生强化辨析。

游戏三：你读我收

在"你摆我读"游戏的基础上，之前是单号摆双号读，在这个"你读我收"的游戏中则换成单号读，双号负责收卡片。在读和收的过程中，继续强调正音和识记。

游戏四：找朋友，对对碰

同桌两个同学，一个拿声母卡片、一个拿韵母卡片。每人各自抽取一张，能正确拼读出音节的就摆在桌面。同桌两人相互约束，相互帮助，共同拼读。

游戏五：交换卡片

（1）课前：教师按学生人数，制作难读音节拼音卡，每人一张，各不相同。

（2）游戏方法：两人一组，互考互教手中卡片的拼读；交换卡片；换一个伙伴，互考互教；依此类推。

交换卡片游戏，开始可以只是在四人小组内进行，熟练后，可以逐步扩展到全班范围内自由进行。

布卢姆的"掌握学习模式"有两个关键的理论基础：及时的练习反馈矫正和有效学习时间的满足。

合作学习的大多数方法和技术，都强调了在有限时间内的最大限度的同时互动，让学生充分地练习，并能及时得到同伴的学习反馈和帮助矫正。合作学习让学生爱学愿学，在学习过程中得到充分的练习时间，当需要帮助时，又能得到及时的支持和帮助。这些，恰恰是让每个学生获得充足的有效学习时间的基础。

为了让学生在课堂合作学习中，弥补能力的差异，真正能获得有效的学习时间，应倡导课前的"补预习"，对学习速度较慢的学生实行提前的辅导。这样做，比起事后补课的形式来说，事半功倍。这也是在小学教学中应用合作学习的一个重要的条件和基础。

遵循有效教学的基本原则，把握住合作学习的基本方法，创造性运用到教学的各项内容中，必定能创造和实现学习型的课堂，让合作与分享的素养得到发展。

第三节 案例分析

一、案例来源

广州市增城区增江街中心小学以"小鲁班做风筝"教学实践为例，融合 STEM 教育进行教学尝试，阐释了创造性劳动的内涵，让学生在自主学习的基础上进行合作、分享、评价等创造性劳动，解决真实问题，促进学生创新意识和实践能力的发展，培养学生学会与他人合作分享的好品格。

二、案例阐述

"小鲁班做风筝"实行"长课时"教学，探索以"长课时"开启培养学生能力之道。分为"室内教学"和"室外实践"，二者相互融通，"室内教学"重在知识习得层面，"室外实践"重在体验内化层面。

教学核心内容包括：一是制作风筝，二是放飞风筝。在此过程中，融入"合作分享"理念，指导学生主动开展合作学习，充分发表自己的看法和见解，充分展示和分享合作学习的成果，教师对其表现给予恰当的评价。在此过程中，学生亲历实践探索、质疑问难、合作分享和展示评价的学习过程，激活学生内在的创新思维，培养学生合作分享的实践能力，最终实现问题解决。下面以增城区增江街中心小学六（1）班"小鲁班做风筝"的部分教学环节为例进行案例阐述。

（一）课前准备

1. 学情分析

增江街中心小学六（1）班学生 45 人，其中男生 24 人，女生 21 人，按照男女搭配的原则分为 9 个小组，每组 5 人，指定组长 1 名。六年级学生具备一定的抽象、逻辑思维和自主学习能力，有过放飞风筝的体验。但其对科学知识和原理的理解，往往受到认知水平局限，认知经验化、浅表化。

2. 教师准备

授课教师郭老师根据学情及要完成的教学目标、任务，一是提前2天布置学习任务清单（如下表格）下发给学生，主要涉及风筝材料性能与结构、风筝制作和飞行的科学原理及经费预算等学习内容。这对于小学六年级学生而言，是相当抽象的。因此，教师让学生事先通过实地考察文具店、访问相关人士及网上查询、回忆曾放飞风筝的体验等方式自主完成，填好相关表格，让学生初步了解风筝的结构、性能和制作方法。二是教师事先准备2个做好的风筝，一个是对称图形的风筝，一个是不对称图形的风筝。目的是让学生更好地理解风筝的平衡性。三是准备制作风筝的材料及工具。

表4-2 小鲁班做风筝任务单一

学习任务	学习过程和结论	困惑和建议
风筝的结构和功能		
风筝的形状和特点		
风筝的制作材料和作用		
风筝的制作方法和步骤		
思考的其他问题如经费、曾经放风筝的体验等等		

表4-3 小鲁班做风筝任务单二

风筝部件	作用	材料选择
风筝面		
骨架		
风筝尾巴		
风筝线		
风筝线轮		

（二）教学过程

教学过程主要分为两个基本教学环节，一是选择材料，制作风筝；二是放飞风筝，厘清原理。制作风筝的核心内容是选择制作风筝面和骨架的合适材料，放飞风筝的核心内容是探究风筝飞得又快又稳的科学奥秘。

教学环节一：选择材料，制作风筝。

1. 兴趣导入，明确目标

通过播放"2019潍坊国际风筝节"天空中放飞各种各样风筝的视频，感受放飞风筝的奇妙乐趣，激发学生制作风筝的欲望。

明确学习目标：

（1）了解制作风筝的材料，初步掌握风筝的结构和飞行原理；

（2）通过小组合作分享，培养学生互助意识、创新意识和解决问题的能力，形成主动与他人合作分享的好品格，在课堂里应让学生达成这一核心素养。

2. 主动思考，合作解决

（1）小组及个人展示。

场景一：形成方案。

9个小组把课前各自调查到的数据和信息进行梳理、整合。教师要求在各小组内形成一个统一的预算方案的基础上，引导学生探究风筝面和风筝骨架材料的选择，提出问题：做一只飞得又稳又高的风筝，你们小组打算选择哪些材料做风筝面，选哪些材料做骨架，结构如何？每个小组围绕着教师提出的这个问题进行讨论，经过合作交流，形成小组的解决方案并分享。

第一组小军说："我们组用尼龙布制作风筝面，用树木制作风筝的骨架，风筝制作成蜻蜓状的。"

第二组小青说："我们组选择报纸制作风筝面，用铁丝制作风筝骨架，也是做成蜻蜓形状。"

第三组小微说："我们组制作风筝面的材料和第二组相同，也是用报纸，制作风筝骨架用的材料不相同，我们用的是硬布条。"

第四组小明说："我们组制作风筝面的材料是杜邦纸，用很轻的细小的塑料棍制作风筝骨架，风筝做成三角形状的，这样可以让风筝飞得高。"

第九组小华说："我们组制作风筝面的材料是厚纸皮，用钢条制作风筝骨架，做成蝴蝶状的。为了让风筝飞得又高又稳，做的时候要注意结构对称。"

……

（2）小组质疑。

场景二：充分发表意见。

根据以上意见，以小组为单位，紧扣"制作风筝面和骨架选择什么材料较为合适？为什么？"核心问题，小组内合作讨论，统一意见，并由小组长分享组内意见。

第四组认为，用报纸制作风筝面较容易破损，可以选择韧性好、质量轻的尼龙布或杜邦纸；

第二组认为，用铁丝制作风筝骨架易变形，木条的韧性不够，不易折弯，作为制作风筝骨架的材料不合适；

第七组认为，用厚纸皮制作风筝面，这样的风筝虽然不易破损，但重量太重，飞不高；

第五组认为，用钢条制作风筝骨架也不合适，这样制作的风筝虽然很牢固，也是重量太重，飞不起来。

第九组的观点，竹子是制作风筝骨架的合适材料，强度高，韧性好，质量轻，硬布条做骨架不合适，下雨打湿了会重，影响飞行。

……

（3）解决问题，优化方案。

如何选择合适的材料制作风筝面和骨架？通过以上讨论，学生学会从不同维度和功能进行整体思考：一是材料本身，从柔韧性、强度、重量等方面来把握；二是飞行效果，从飞行高度、稳固和次数等因素综合考虑；三是从成本预算考虑。然后每个小组再次进行合作讨论，最后确定如下选材方案：

四五组的方案：用杜邦纸制作风筝面，用竹条做骨架，风筝的形状是方形的；

六九组的方案：用报纸制作风筝面，用竹条做骨架，风筝的形状是蝴蝶形的；

一二三七八组的方案：用尼龙布制作风筝面，用竹条做骨架，风筝的形状有蜻蜓、金鱼等。

（4）制作风筝。

一是教师播放微视频，让学生掌握制作风筝的一般步骤和方法。期间教师拿出事先准备好的2个风筝，一个是对称图形的风筝，一个是不对称图形的风筝，让几个学生放飞一下并谈谈感受。放飞后学生纷纷表示对称图形的风筝能够飞起来，不对称图形的风筝往地面下栽跟头，飞不起来。这时教师引导学生制作风筝时一定要注意结构的对称平衡性。

二是各小组成员分工合作做风筝：

首先制作竹条。将修好的竹条裁成两条长短适当的长度，约为16英寸及23英寸。

其次扎骨架。选择笔直竹条，将其剪成五毫米左右见方的长条形竹筋，用刀削成适当粗度及所需长度开始扎骨架。扎架完毕后，检查各处是否对称，如有需要，用线绷紧，以防骨架变形。

然后糊纸。将杜邦纸比照骨架的形状先用铅笔轻描轮廓，在各边预留出一厘米左右的边缘，然后按此边裁剪。糊纸时除将纸边涂抹糨糊外，竹架部分也应该稍擦糨糊，然后互相黏接。有些软面风筝，如蝴蝶、燕子等造型的风筝，其翅膀边缘无竹条，可将纸边涂糊后予以折边，折边内的折叠处，如再粘一条细线在内，则使纸边更加坚固不易撕裂。

最后绑拴提线。选择适宜的施力点绑拴提线，视骨架结构情形系一根或两根以上提线。风筝的丝线可以选用牛皮线、棉线、下班线等。

小组的各个成员按照事前分工，各司其职，互相帮助，主动参与，积极思考，合作完成了制作风筝的任务。在这一过程中，实现了在分工中合作，在合作中分享，在分享中成长。

教学环节二：放飞风筝，厘清原理。

在宽阔的操场上，9个小组做了9只风筝，风筝的形状有金鱼、蜻蜓、菱形、蝴蝶、老鹰等，准备放飞，同时教师也鼓励各小组互换风筝放飞。

1. 如何让风筝飞起来

场景三：首先由第四、五小组放飞风筝，风筝形状都是菱形的。这两组都是由两人互相配合放风筝，一人拿好风筝，用手抓住风筝的骨架的中心条，站在风筝侧后，将风筝举起；另一人右手拿线拐，左手拿风筝线，准备放飞。结果第四小组制作的风筝飞得很高，第五小组制作的风筝却飞不起来。第五小组长不服气，却又无可奈何。

郭老师说:"这两个小组制作风筝的材料相同,形状也相同,第五小组制作的风筝却飞不起来,为什么?"

第四小组长说:"我们都知道,风筝飞起来,需要有一个使风筝向上的'举力',为了获得这种力,就需要借助风。我们两个小组长背对着背站着放风筝,风吹来的方向是不相同的,第五小组的风筝飞不起来,我认为应该是风向的原因。"

第二小组长说:"我在网上查阅过相关资料,知道放风筝关键是要看风,风筝要逆风放的,也就是迎着风放,只有这样才能够通过气流让风筝得到向上飞行的'举力'。"

第七小组长说:"放风筝要逆风放的。风筝在空中受风,因为空气会分成上下流层。通过风筝下层的空气受风筝面的阻塞,空气的流速减低,气压升高;上层的空气流通舒畅,流速增强,致使气压减低;'举力'即是由这种气压之差而产生的,这正是风筝能够上升的原因。"

第五小组的小文问:"怎样判断风向呢?"

小龙抢答道:"看树叶的飘向,树叶飘向的那边是顺风,拿风筝线的人应该往相反的方向跑。"

小青说:"我们可以自己做一个风向仪,用一根包装绳子,绑在一根小竹条上,绳子飘向的那边是顺风。放风筝,拉着风筝提线,逆风方向跑,便可把风筝放上天。"

通过质疑、辩论,学生们明白放风筝要先知道风的方向,最好是逆风放飞。

2. 如何让风筝飞得又稳又高

场景四:接着,轮到第六、九小组放风筝,形状都是蝴蝶形的。第九小组的风筝飞得很稳,不会左右摆动。第六小组的风筝放飞时,出现摇摆、打旋,侧向一边,掉了下来。第六小组长很不服气,又尝试放了几次,结果还是侧向一边,掉下来了。

第六小组长问道:"为什么会这样呢?"

这两只蝴蝶风筝,郭老师左右手各拿着一只,问:"两只风筝有什么相同点和不同点?"

第九小组长说:"两只风筝,制作风筝面都是用报纸,风筝骨架用的都是竹条,制作风筝的材料完全相同。"

第二小组长说:"这两只风筝还是有不同的地方。大家看,第九组蝴蝶风筝的'翅膀'是左右对称的,第六组的左右有一点点不对称,左边大一点,右边小一点点,导致左重右轻。飞行时,左右两边受力不平衡,就容易倾斜一边,掉下来。"

郭老师补充道:"把风筝做成轴对称图形,目的就是使风筝在左右方向受力平衡,不会向两侧倾覆。"

第六小组长说:"我明白了,我们赶紧动手改改吧。"

小智说:"我来把左边的结构调小一点,需要大壮帮我一下。"

小明说:"组长,我们风筝的中间骨架线头打了好几个结,太重了,要改一下。"

小雨说:"我们也可以尝试调整提线的角度,以现在这个角度再调两种角度进行试飞,对比一下试飞效果。"

小红说:"我们先测量一下现在的提线角度再进行调节,调一个比现在的角度小一些的,再调一个比现在的角度大一些的。"

小静说:"我测了一下,现在的角度是 45 度,可以调一个 30 度的,再调一个 60 度的。"

第六组在相互帮助合作中紧张而有序地调整风筝的结构……

场景五:郭老师说:"同学们看,第八小组的金鱼风筝飞起来了,飞得好高……"

郭老师接着说:"第八组的金鱼风筝,由于风筝的'头'比'尾'重了一点,所以他们给风筝加上了一条长长的尾巴。尾巴也是平衡风筝的主要结构,当风筝乘风而上时,如果前面较重,风筝就会往下栽跟头,所以尾巴最好长一点,因为够长就会有一个重量令风筝头部升起,使全身受力,平衡了斜的一方。所以做风筝不仅仅是要左右对称,也要前后上下对称。风筝才飞得高,飞得稳。"

3. 反思与总结

场景六:风筝放飞后教师及时组织 9 个小组进行交流,分享放飞心得。

一是小组自评。

一组：我们小组设计的海绵宝宝三角形风筝，三角形图形简单，设计方便，飞起来了，海绵宝宝图案很可爱，但是风筝的骨架重了一点点，飞得没那么高。

八组：我们小组设计的是金鱼菱形风筝，在这只金鱼风筝的眼睛处贴了能发光的材料，当它飞行时很容易被人看见，长长的尾巴飞起来很好看。

三组：我们小组设计的是燕子风筝，我们在这只燕子风筝上还装上了摄影器，这样可以从高空拍摄，但飞得不高。

五组：我们小组设计的是老鹰风筝，我们在这只老鹰风筝上喷了香水，放飞时能闻到它的香气。

九、六组：我们两组制作的风筝失败，只有放飞其他组的风筝，下一次我们一定要把风筝的结构做平衡，让它飞起来。

……

二是小组互评。

一二组：通过放飞，我们觉得燕子风筝很容易放飞，燕子是一种飞行动物，风筝仿照它的样子来做，能飞得高。

三四组：我们觉得老鹰风筝更容易放飞，因为老鹰的翅膀很大，价格也合算。

五六组：我们觉得蝴蝶风筝也容易放飞，可能是它的翅膀不宽，飞得不是很高，最好逆风放飞。

七八组：我们觉得三角形风筝很容易就放飞了，而且飞得很高，制作风筝结构对称很关键。

九组：我们觉得菱形风筝也很容易放飞，但飞得没有海绵宝宝三角形那么高，选材也很关键，材料最好又轻又牢固。

一组：我觉得第三组的燕子设计很有创意，眼睛处安装了小型拍摄器，但是成本有点高。

五组：我觉得第八组设计的金鱼风筝贴了能发光的材料，不仅白天可以放飞，晚上放飞也可以看得到，飞得稳又高，成本也可以接受。

……

学生通过辩论、质疑，通过合作、分享，逐渐树立起对风筝成本、结构及平衡性原理的认知以及通过体验感悟、探究实操结合反思评价，实现感性、理性认识的积累，为培养学生的科学素养及乐于与他人交流合作分享的习惯打下良好基础。

三、案例启示

在"小鲁班做风筝"教学活动中，教师只起了指导作用，更多地是让学生在自己思考、合作、分享中完成学习任务，完成教学目标。比如，六（1）班学生在合作学习"探究制作风筝的科学奥秘"中产生了解决"如何选择风筝面和骨架的合适材料"问题的想法；在分享学习解决"合适选材"问题中，形成了解决"风筝合适选材"的独到见解。以小组为单位合作完成制作风筝后，在放飞过程中又产生"如何让风筝飞起来""如何让风筝飞得又稳又高"等新的问题，这些想法和问题需要与同学交流和分享，于是又有了合作学习的需求。比如共同制作风筝、分享放飞风筝的喜悦和经验反思等等。

由此可见，学生的发展，主要是靠自己的努力，但也需要教师的引导，更需要同伴的帮助。合作分享学习是同伴帮助的最重要的形式，一个善于合作分享的学生，他进步的速度就快，并且很快成长起来。在当今社会，每个人的发展，都必须与人合作，如果一切事情都不与人交流，只是孤军奋战，将会浪费许多时间和精力。因为不少疑难问题，对自己来讲是问题，但对别人来讲可能是早已解决的问题，只有与人交流与合作，才能使问题得到更快解决。所以，交流分享是一种很好的品格，也是一种生存和发展的能力，在课堂里应让学生达成这一核心素养。本案例将合作分享和评价反思等学习方式有序推进及穿插融合，使得教学目标有效实现。

第五章

质疑探究

有生命活力的课堂，不应该是让学生全盘接受现有的知识和经验，而是在掌握必备的知识和经验的基础上，指出现有知识与经验的不足，提出自己的疑问和看法，发表自己新的见解，这就是质疑探究。质疑探究是学生重要的学习品格，是教师必须关注的课堂核心素养。

质疑探究不是一个简单的学习活动，而是伴随自主学习、独立思考而不断形成学习品格和思维能力。质疑探究是学生在课堂学习过程中必须形成的核心素养，也是培养和发展学生的创新思维和实践能力的重要手段。质疑探究需要在学习与实践中得以发展和提高。

第一节　质疑探究的基本内涵

一、质疑探究的含义

质疑，《汉书·陈遵传》："竦居贫，无宾客，时时好事者从之质疑问事，论道经书而已。"探究，出自唐代元行冲的《释疑论》："康成於窜伏之中，理纷挐之典，志存探究，靡所咨谋。"质疑是提出疑惑，以求解答。探究是探索研究，找寻原因。质疑探究是学生在课堂学习过程中，对未知的事物、已有的结论等自觉地提出疑惑的问题意识，进而主动通过实践探究去分析和解决问题的学习品格和关键能力。质疑探究具有疑问性、探索性、求实性等特征。

1. 疑问性

质疑探究是在问题意识引导下发生，具有疑问性。问题意识是指思维的问题性心理，人们对各种现象不采取轻信的态度，而总是抱着一种怀疑的、思索的、弄清楚问题的积极态度。在人的认知中经常会遇到一些不明白的问题或者是现象，并且通常会产生疑问、探求的心理状态，没有问题意识，也就没有真正意义上的质疑探究和创新行为。

2. 探索性

探索性也称探究性、实践性，是指通过亲身体验或实践发现问题，经过积极地研究探索获取知识和解决问题。质疑探究关注的不仅仅是问题的结果，更重要的是关注学生主动探究问题的过程，在探究过程中形成科学的观点，学会科学的方法和技能，培养良好的思维习惯，锻炼创造精神和钻研精神。

3. 求实性

求实性也就是要求真务实，是指解放思想、实事求是、与时俱进地去不断地认识事物的本质，把握事物的规律，并且在这种规律性认识的指导下去探索实践，解决问题。质疑探究要求在尊重客观规律基础上，以求真务实的精神探求事物的本质和规律，用科学的理论武装头脑、指导实践。

二、质疑探究的重要性

1. 质疑探究是学生思维品质和学习能力的重要表现

质疑反映的是一个人在对具体事物认知的过程中呈现出来的直觉、批判、求异、概括等思维品质，质疑需要有批判的精神和勇气，要有能够提出问题、表达观点的能力。质疑是思维的开端，思维以疑问为起点，有疑问才有思维，经过思维才能释疑解惑。质疑也是提高学习能力的基础，探索知识的思维过程总是从问题开始，又在解决问题中得到发展。探究是在具体的情境中质疑、发现问题，研究分析、解决问题的学习方式和实践活动，探究既是学习的过程又是学习的目的，也是创新意识和探索精神的充分体现。只有把质疑和探究有机结合，在质疑中探究，在探究中思辨，在思辨中求知，才能不断获取知识、锻炼技能，不断获得发展。

2. 质疑探究是学生课堂学习必须具备的核心素养

学贵有疑，学则须疑，有疑则思，有思则进。在课堂学习中，学生不应当对他人的观点坚信不疑，不论是教师的讲解，还是同学的陈述，甚至是教材的表达，都应该产生疑问。是这样吗？为什么是这样，而不是那样呢？还有别的表达吗？这就是质疑的意识和习惯。当产生了疑问，接下来的事情是要解决疑问，需要借用已有的知识和经验去解决新的问题，这种解决新问题的过程就是探究。所以，学生在课堂里，不仅要自主学习、合作学习，还需要探究学习。一个没有质疑探究习惯的人，永远不可能有自己的想法、自己的说法、自己的做法，永远只能跟在别人的后面走。如果我们的学生都没有质疑探究的能力，那么我们的未来、我们的国家的创新就没有希望了。所以，质疑探究是学生在课堂学习过程中必须形成的核心素养。

3. 质疑探究是培养创新思维和实践能力的重要手段

兴趣是最好的老师，真正意义上的学习兴趣，是一种"积极探究事物本源"的倾向。创新思维、科学精神的生成基于学生的质疑精神和探究能力，有了疑问，学生才会产生深入学习的需求，才有获得新知的可能。质疑探究有助于增强学生的问题意识，发现问题、提出问题，激发主动参与学习的动机；有助于提升学生的实践能力，学生在探究知识中拓展认知、探究问题、分析问题，学以致用。学生在不断地质疑探究中关注新事物，发现新问题，掌握新知识，探索新方法，寻找新规律，从而具备创新意识、创新思维和创新能力，实践能力与综合素质不断提升。

三、质疑探究的主要内容

质疑探究首先是提出疑惑、提出问题，在课堂教学过程中，只有让学生敢于质疑、学会质疑、善于质疑、乐于质疑，才能使课堂焕发出更加蓬勃的生命力。

1. 敢于质疑、主动探究

学起于思，思源于疑。"疑"自古以来就被认为是思之始、学之端，是学生主动学习的动力之源。疑是思维的开端，是创造的基础，勇于质疑、勤于质疑、善于质疑是一种良好的思维习惯。在课堂教学中要利用一切可以利用的方式，启发学生开阔思路、多思善想、质疑问难。学须有疑，学贵有疑，小疑则小进，大疑则大进，不疑则不进。要引导学生独立思考、大胆猜想、敢于质疑。要有质疑意识，不回避疑难，主动寻找疑问；要敢于表达不同观点，不为经典结论所束缚，勇于提出自己不同的见解；要学会从不同角度思考问题、多方面思考并提出问题。探究始于质疑，学生敢问、愿问，才会产生强烈的探索动机，勇于质疑才会主动探究。

2. 学会质疑、自主探究

爱因斯坦说：提出一个问题往往比解决一个问题更重要，因为解决问题也许仅仅是一个教学或实验上的技能而已，而提出问题，却需要有创造力和想象力。能否提出问题与是否积极思考和思维方式有关，而所提出问题的水平又与认知和思维的水平相关。从认知层面看，对事物表象的好奇直接提出的疑问，是浅层次的质疑；在已有认知基础上由于更深入思考引发的问题，属于深层次的质疑；从思维角度看，发散性思维、创造性思维、批判性思维都会引发各种类型的质疑，这些质疑的独立程度高、综合性强，往往需要全面分析，甚至需要观察实验，不断深入探究才能产生正确的结果。学生学会质疑，才能充分地进行自主探究。

3. 善于质疑、乐于探究

质疑并不是随便提出问题，而是学生经过一定思考后针对自己的学习问题进行询问的过程。课堂教学中要引导学生善于发现问题，学会分析判断，努力从不同的角度和层面进行质疑、评价和阐发，形成具有逻辑顺序的"问题串"。质疑也需要讲求方法，因果法、对比法、变化法、迁移法等都是引导学生思考、探索、发现问题、提出问题的方法，掌握基本的质疑方法，培养学生的质疑能力，让学生善于质疑，努力做到让学生敢问、乐问；让学生能问、善问；让学生解问、释问。学生养成了质疑的习惯后，自主探究才会成为真正的学习需要，成为他们日常学习，以至于终身学习的主体方式。

四、质疑探究的必要条件

1. 真实的、多样化的问题情境

布鲁纳认为："学习者在一定的问题情境中，经历对学习材料的亲身体验和发展过程，才是学习者最有价值的东西。"课堂教学要从学生的生活经验和已有知识出发，通过具体的生活实例、自然现象等，创设一些学生熟悉的问题情境，真实问题情境会给学生带来挑战，吸引学生提出问题，激发学习兴趣，激活学生的思维，使学生产生强烈的探究欲望。典型的、复杂的情景能引导学生多角度、全方位探究思考，延展质疑探究的深度和广度，使学生有机会经历问题解决的全过程，提高问题解决能力，提升核心素养。

2. 基础的、启发性的学科任务

问题的提出总是以一个人的已有知识和经验作为前提，产生于已知知识与未知知识之间的差异或矛盾。学生的质疑探究依赖于一定的基础知识和基本能力，学科基础为学生延展性学习和质疑性学习打足底气。课堂教学中需要立足于整体性角度总结、归纳学科课程知识体系中的有价值学习方法与基础性技能，并在教学活动中以此为基础提出相应的学科任务，抓住时机组织分层次的质疑探究学习活动，促使学生间进行互动与交流，共同分析问题的实质并发挥探究能力解决问题。为促使学生根据自身学习需求进行质疑探究学习，教师还需要在组织开展课堂教学活动之前精心设计对学生学科思维具备一定启发性的特殊问题，通过此类学科任务，有效引发学生头脑中的认知路径变化，为学生在课上的自主探究活动指明具体方向与基本目标，让学生根据教师所提出的学科任务系统地、层层深入地开展探究活动。

3. 平等的、开放和谐的学习环境

鼓励学生质疑探究要创设民主、平等、和谐、宽松的课堂教学气氛，爱护和尊重学生的问题意识和探究精神，师生、生生之间相互尊重的平等关系，学生自然愿意表达观点，主动质疑探究，与其他同学互动交流，敢于思考，张扬个性，大胆质疑，探索求知。教师在课堂教学中要时刻关注学生的思想动向，鼓励学生以积极、正面的态度面向教师与其他学习伙伴详细阐述自己的理解与体会，把握质疑探究学习活动的基本方向与递进程序，帮助学生提炼有概括性与思想价值的创造性理论，寻找有思想深度、有应用价值的问题解答思路，让学生的质疑意识与自主探究能力获得全面发展。

第二节　质疑探究在课堂的实施

落实课堂核心素养，最重要的是发挥学生学习的主动性，需要培养学生的质疑能力，提高学生探究欲望，让学生真正成为学习的主人。在课堂中，教师遵循布疑——引疑——激疑三个步骤，推动学生探究向纵深不断拓展，从而帮助学生实现从生疑——质疑——释疑三个层次的思维进阶，引领学生走上自行探索真理之路。

德国教育家第斯多惠（Diesterweg，1790—1866）说过："一名蹩脚的教师是将现成的真理奉送给学生，而一名优秀的教师则是引导学生自己去寻得真理。"引导学生探索真理的过程，其实就是帮助学生学会质疑探究的过程。因此在课堂教学中，培养学生的质疑意识和质疑能力就显得尤为重要。学生能够对教材的表述、学生的陈述、教师的讲解……都习惯性地进行质疑，产生质疑之后，能够掌握一定的方法技巧去解决疑问，进而借用已有的知识和经验在质疑中进行探究，在探究中释疑，提高解决问题的能力……具体操作如下图"质疑探究的思维框架"所示：

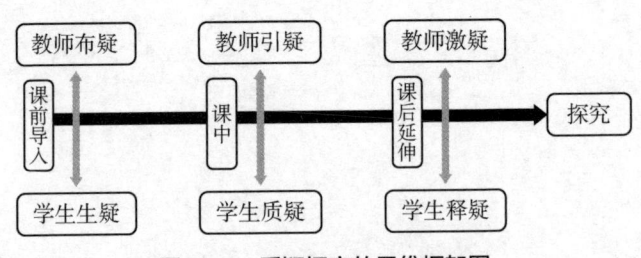

图 5-1　质疑探究的思维框架图

古语有云："学贵有疑，小疑则小进，大疑则大进"，这说明疑问的产生对学习的质量与效果而言至关重要。为帮助学生学会质疑探究，教师需关注课前导入——课中——课后延伸三个环节。

一、课前导入促生疑：教师布疑，引导学生生疑

捷克著名教育家夸美纽斯在《大教学论》中生动地把学习比喻成吃饭，吃

饭要有食欲才能吸收，学习要有兴趣才能接受。① 那如何激发学生的学习兴趣呢？首因效应告诉我们，最初获得的信息比后来获得的信息影响更大。因此40分钟的课堂学习，前五分钟至关重要。这五分钟的课前导入环节，重点应当激发学生的兴趣与激起学生探究的欲望。本环节教师可以采用多种方式方法布疑，从而引发学生生疑。

1. 自主预习，促进生疑

课前布置学生自主预习，在预习的过程中对教材的知识与观点进行思考研究，在思考研究中质疑教材的观点。学生在预习过程中能够产生疑问，课堂学习时才能做到有的放矢，积极思考和解决疑问。当然，这个过程并非放任学生完全自主，需要教师搭建脚手架协助生疑。教师可以引导学生从疑难问题切入，从自己的认知冲突切入，并把有疑问的地方重点标记出来；也可以提前发放研究性学习资源包，指导学生对学习文本进行自主阅读，帮助学生进一步理解核心知识。例如，教学《道德与法治》人教版七年级下册第九课《法律在我们身边》时，让学生自主预习时，可以搭建脚手架如下：（1）法律的特征是什么？（2）法律是由国家制定和认可的，具体是由哪个国家机关制定和认可？（3）全国人大是什么机关？（4）"立法""执法""司法"这些词汇如何理解？……这些问题对于学生而言都是陌生且难以理解的，甚至连七年级的课本中都暂时不能找到解释，但这都是容易激发学生产生疑问的点。

2. 创设情境，推动生疑

情境的设置，一方面强调情境的真实性，另一方面要注意贴近学生的认知层次。新课程要求教师不是教教材，而是用教材教。通过创设新的情境对教材进行补充、延伸、开放，对教材内容进行重组、整合，开发可质疑的情境，对于激发学生的学习兴趣更有帮助。基于真实、具体、复杂的生活情境，设置开放性、多元性、富有思维含量的问题。例如，在教学《道德与法治》人教版七年级上册第三课第二框《做更好的自己》时，课前导入让学生猜一猜、试一试10秒钟可以鼓掌多少次，让学生感受人的潜能无限，并顺势引出"飞人苏炳添用10秒钟征服世界"的故事。引入32岁的苏炳添能够一次次超越自我，在东京

---

① 陈倩倩. 四个转向：作业优化的策略思考[J]. 中学政治教学参考，2021.

奥运会上跑出 9.83 秒的好成绩的具体情境，让学生更具探究的欲望，带领学生感知如何做更好的自己。

3. 以始为终，悬疑引入

先展示学习目标或者学习结果，再引导学生反思如何进行规划实施。美国巴克教育研究所给出告知项目化学习的黄金法则，指出项目化学习开始于一个具有挑战性的驱动问题，而这一驱动问题必须是真实的，使得学生习得的知识不仅仅是停留在课堂中，而是用于解决实际问题。例如，在教学《道德与法治》人教版九年级上册第三课第二框《参与民主生活》中，展示社区居民吴先生推动社区物业撤销共享单车禁止进入社区的决定。吴先生是如何做到的，采取了什么有效的方式？这些问题吸引了学生探究的兴趣，为课堂的深入推进奠定了良好的基础。

值得一提的是，学生如何才能在课前生疑，是需要宽广的知识面支撑的。没有扎实的学识做基础，没有以往经验进行对比，学生难以对新的知识观点进行质疑。因此，课堂学习中，教师应当利用有限的时间点燃学生探究的兴趣与欲望，作为课后深入研究的火种，激发自觉的阅读与探究，进一步拓宽知识面。

二、课中学习重质疑：教师引疑，激发学生质疑

在课前教师通过精心布疑，学生的问题意识被点燃之后，如何进行有效质疑？把握质疑方法非常重要。那么，常用的质疑方法有哪些呢？一是"因果法"，即抓住事物内部的因果关系，由"果"导"因"或者由"因"推"果"，指导学生多问问为什么。如学习《维护国家利益》这一单元时，分析：为什么国家利益至上？为什么国家利益是人民利益的集中表现？为什么人民利益高于一切？二是"反问法"，即将正面描述的问题，思考反过来的结论是否正确。例如，学习《法不可违》的相关知识时，犯罪行为都是违法行为，那么违法行为是否都是犯罪行为呢？引发学生思考区分一般违法行为与犯罪行为。三是"迁移法"，即将已有的学习经验迁移到新的学习材料上来，在迁移的过程中遇到的阻碍便可以成为质疑的重要素材。例如，在学习《爱在家人间》时，学生需要

掌握的重点是如何与父母进行沟通。青春期的孩子经常与父母发生亲子冲突，很多学生不懂如何与父母进行沟通。这时候可以活用上一课《师生交往》中相关内容，分析与教师沟通和与父母沟通的异同，引导学生探究其中的原因所在，从而实现相处方法的迁移。

营造友好和谐的课堂氛围，不给课堂过多压迫感，可以帮助学生在课堂上敢于提问、敢于质疑。一味填鸭式的灌输讲授，不利于质疑氛围的营造，教师可以采用多种教学方式，引发学生质疑，激发学生探究。

1. 议题式学习，观点碰撞求共识

为精心选择的情境设计议题，基于真实的生活情境，设计具有思维含量的进阶式问题，引导学生从多角度、全方位去思考问题，形成观点。例如，在教学《道德与法治》人教版七年级上册《做更好的自己》时，可为大情境"32岁的苏炳添一次次超越自我，跑出9.83秒的好成绩"设置系列化、结构化、进阶化的真实议题。

议题一：苏炳添的优势和弱势分别是什么？苏炳添如何对待自己的优势和弱势，这对我们有什么启发？

议题二：苏炳添如何不断突破自我，追求更好的自己？

议题三：未来的学习生活中，我们应当如何学习榜样的力量，做自己的追光人？

以上三个议题，呈现逻辑递进，层层相关，具有较大的探究空间。学生在讨论探索解决议题的时候，会有自己的观点与想法，在观点的碰撞中形成正确的价值认同。

2. 任务式学习，合力探究任务

初中道德与法治课程与学生生活联系非常密切，课堂教学过程中，教师应十分注重教会学生将所学知识应用到实际生活中，而不是仅仅应用到做题中。因此，课堂教学可以采用任务式学习，让学生在解决任务过程中学习知识，应用知识。例如，在教学《道德与法治》人教版九年级上册《参与民主生活》一课中，可带着学生进入社区，分组采访物业工作人员、居委会工作人员以及社区居民，了解不同群体对于"共享单车进入社区"的观点与看法，在采访之前学会撰写采访提纲，在采访之中学会如何与他人沟通交流，在采访之

后整理采访稿件，形成采访报告。课堂模拟召开业主委员会，学生们在课堂上根据采访所得为各方发声，共同为解决社区共享单车乱停放问题建言献策。

3. 价值澄清，自我说服

价值澄清模式注重受教育者的体验与认知，反对强制灌输，让学生处于一定情境中去经历事情并且有所选择、有所判断、有所体验、有所感悟。在教学过程中，笔者经常采用价值澄清模式，为学生创设开放性情境，并给予学生充分的自主学习时间，让学生自由表达观点。对于学生表达的所有观点表示尊重，并经过一系列的追问，让学生进行自我说服，引导学生质疑探究。例如，在教学《道德与法治》人教版七年级下册第一单元第三课《青春有格》时，让学生思考：如果周围有同学受到校园欺凌，你会怎样选择？并给出四种立场供学生参考和选择——走掉、围观、参与、制止；给学生时间思考并要求作出选择。学生表明观点立场之后，组织立场相同的学生讨论选择该立场的原因并分析利弊以及该行为可能造成的影响，通过对小组间立场的对比分析，引导学生建立内在取向一致的价值体系。

当然无论采用何种方式，教师都应放下所谓的经验之谈，遵循学生身心发展规律，深入了解学生需求，知悉学生在这一问题上的已知与未知、想知与可知、疑惑与困惑，方能帮助学生解决成长中的真问题，为学生的思想道德成长服务。[①] 课堂中应该鼓励学生提问，丰富学生质疑经验；教师经常追问，提高学生质疑思维。

三、课后延伸贵激疑：教师激疑，助力探究深化

历经课堂上师生思维碰撞之后，学生已经在深入探究中拨开疑雾。但是课堂时间有限，一节课并不能完全实现学习目标。课后还应当深入挖掘并充分利用课堂上的情境资源，回归情境，落实知行合一，优化作业布置，切实发挥好作业的育人功能。

[①] 王桂玲，牟信. 核心素养导向的教学实践思考［J］. 中学政治教学参考，2021（02），11—13.

1. 基础性作业

布置学生自主构建思维导图，教师进行开放式点评激疑。在课堂的最后，由学生自主构建本课思维导图，这一过程中，学生重构思维框架，运用经过自我加工的思维框架思考问题。学生自主构建之后，教师可以就学生自主构建的思维导图进行点评。例如，笔者的课堂结束前，都会邀请两名学生上讲台在黑板上构建思维导图，其他学生则在笔记本上构建。巡堂时将学生出现的共性问题找出来，邀请部分学生点评黑板上的思维导图作品，带领学生们一起完善本课的思维导图。多年实操下来，笔者发现学生最容易忽略的是知识与知识之间的联系。因此，教师在进行点评时，应注重带领学生厘清知识之间的联系，不仅是本节课知识点之间的联系，还可以关联之前所学知识或者适当启发后续课程知识，对之后的学习起到一个铺垫作用。值得一提的是，当学生尝试串联知识，与课堂教学内容"超纲"时，教师要及时发现并称赞学生的创造性，这有助于培养学生的成长型思维，强化创造力。

2. 开放性作业

课后注重引导学生进行实践探究，真正落实知行合一。为了培养学生质疑习惯，教师设计探究性、实践性作业，开展多元评价以强化作业育人功能。转疑入理，在理性思维的回归中走向实践。道德与法治教材中"拓展空间"部分，提供了很好的作业设计素材。例如，可以将《道德与法治》人教版七年级上册第58页拓展空间的内容整合并设计以下作业：

【作业内容】互联网为我们的生活、学习和工作都带来了极大的方便，但一段时间以来，由于互联网信息纷繁复杂，加之青少年自身分辨力、自制力尚不成熟，在一些不良网络信息的影响下，不少青少年沉迷"饭圈"追星、手机游戏、短视频直播等，有的甚至参与网络色情、赌博等违法活动，还有些成为电信诈骗等违法犯罪的受害者。净化网络，是每一个网民共同的责任，让网络更好地伴随我们的生活，需要所有网络用户的共同努力。依法上网、文明上网、理性上网，明辨是非，不断释放正能量。

（1）了解三代人的交友故事，分组采访爷爷奶奶、爸爸妈妈、班级同学，了解三代人的交友方式有何差异，并分别撰写一份访谈稿。

（2）设计一份问卷，调查当代青少年的网络交友情况，并根据调查情况撰写调查报告。

(3) 收集中学生网上交友不慎，给自己或者家庭带来不良影响甚至伤害的典型案例。结合这些案例，设计一份网络文明公约。

七年级的学生，要求进行采访、设计调查问卷、撰写调查报告难度较大，可能会出现无法完成任务的现象。因此，可以适当安排小组进行合作探究，通过小组合作的力量相互带动、相互帮助。教师搭建脚手架，提供相关的采访稿、调查问卷供学生参考借鉴。当然，七年级的学生设计的问卷、撰写的调查报告可能是不完善的，所提的观点可能是肤浅的，但这种实践性操作与学习，却是落实学生课堂核心素养的真正必经之路。最后，教师为学生撰写个性化评估报告，分析学生探究作业中的进步与不足，为真正提高学生质疑探究能力画上"点睛之笔"。

课堂教学是一种特别强而有力的媒介，课堂中，教师潜在的价值观往往会主导课堂、塑造课堂，甚至决定了学生的认知与行为。因此，教师积极探索培养质疑探究的新路径，是质疑探究在课堂实施的起点，更是课堂改革的必经之路。

第三节 案例分析

一、案例阐述

《定风波·莫听穿林打叶声》是苏教版高中语文选修教材《唐诗宋词选读》中的一篇课文，列入"'新天下耳目'的东坡词"单元，因而教学重点之一便是联系苏轼的生平经历，"知人论世"，将词人的"情"与作品的"意"有机结合起来，呈现在学生面前，以此帮助学生由一篇名作了解一位文豪，进而对中国唐宋文学产生真切的认识。教师可以该词蕴含的词人情感为教学重点，引导学生重新审视前人的解读，基于文本，结合自己的切身体会反推词人的情感，完成探究训练。

课堂上，教师可带领学生细读文本，推敲词句，逐步探究，最终结论是该词包蕴丰富、尺幅千里，体现了苏轼在"乌台诗案"发生近三年来的心境变化。

（一）初步质疑探究：冤屈后的矛盾、愤激与宣泄

在对上阕的教学中，学生整体感知词意后，大都能通过对"莫听""吟啸""竹杖芒鞋""一蓑烟雨任平生"等词句的品读概括苏轼的性格——乐观与豁达。但基本上都止步于此，难有更深入的突破。此时需要教师引导学生展开质疑，从直观却片面的传统解读中"突围"，挖掘隐藏于词人姿态之下的真实心境，从平面的人物形象中读出立体的情感。教师可引导学生进一步品读文本，探究奥义。

师：从词作中我们感悟到了主人公的乐观与豁达，词人一开始就是这么一个完美的形象吗？（学生沉默不语，大概是苏轼的"完人"形象在心中屹立已久，竟没有一点质疑或反对之声。为了打开思路，教师适时展示写作背景，引导学生发现平淡抒情背后的大起大落）

苏轼是1079年因乌台诗案获罪而被贬黄州的，面对从天而降的灾祸，无中生有的罪责，刚到黄州的苏轼一度困顿苦闷，惶惶不可终日。

师：你能在以前读过的苏轼作品中找出反映这种心态的相关诗句吗？

生1：我们前几天学过了苏轼的《卜算子·黄州定惠院寓居作》，词中"惊起却回头，有恨无人省"一句写出了当时的主人公像惊弓之鸟一样惊慌失措，反映出冤屈无处倾诉的巨大痛苦。"寂寞沙洲冷"表达了词人内心的孤寂和凄寒。

师："惊弓之鸟"这个词用得好。《卜算子》这首词作于1080年2月，此时苏轼来黄州还不到半年。词作格调低沉凄婉，表达了对不公世道的愤懑。还有类似的诗句吗？

生2：《西江月》中"世事一场大梦"与《南乡子》中"万事回头都是梦"两句，都写出了词人对现实的失望、批判。

师：请大家再回到这首词的开头几句，看看字里行间有没有透露出词人对现实的不满和抗争。

生3：有。如首句，在"穿林打叶声"——自然的风雨和人生的风雨面前，词人选择的态度是"莫听"。这是对恶势力的不屑，是一种柔和的抗争。

师：很好！表面似乎很乐观，但不可否认的是，痛苦仍郁结于心，无法释怀，以至于劈头就是一句"穿林打叶声"。那"何妨吟啸且徐行"一句呢？仅仅是坦然豁达吗？（生沉默，思考）

师（点拨）：不妨想象这样一幅画面：在狂风暴雨中，别人都慌张奔走，而词人却在风雨中吟啸，并且是"徐行"，故意慢慢地走……

生4（突然醒悟）：词的小序中交代的时间是三月七日，天气还不算暖和，让冷雨淋湿自己的衣服，必然招来路人的驻足观看，这种不循常情的做法有刻意之嫌。可见，这句话也有对"风雨"的不满与抗争。

师：你的回答太精彩了，其他句子中还有类似的暗示吗？比如"竹杖芒鞋轻胜马"一句？（生沉思，摇头）

师："马"在句中有何含义？"胜马"反映了词人怎样的心态？

生5（恍然大悟）："马"在这里指达官贵人所骑的高头大马，是权力和财富的象征。词人强调"胜马"，可见此时心中仍然在比较、在权衡，鄙视权力的心态显露无遗。

师：非常准确！此句从表面上看，塑造的是一位甘于平淡、闲适自在的山野村夫形象。但"胜马"二字就颇堪玩味了。一个"胜"字暗示词人心里仍然放不下朝廷的是非，丢不开对权力的评判。此时，蒙受不白之冤的愤恨在词人心中仍是挥不去的梦魇，不能算是真正的坦然平和与得失皆忘。

在教师的启发下，学生通过探究"莫听""徐""胜"等词语终于发现，这些表达的背后并不完全是旷达自适，还有一种受挫后的不满与抗争，细细品味还可发现一丝消极与虚无，这些都是学生在学习生活中曾经有过的普遍情感。学生在教师的引导下体会词人流露出的微妙情绪，便可发现，上阕前几句其实可以理解为词人来黄州后最初阶段的彷徨、愤激与宣泄。这可以看作人生第一境界：豁达中暗含着一分心有不甘的抗争。

探究学习是一个"有见解，有发现，有创新"的过程，教师要鼓励学生勇于突破窠臼，只要言之有理、言之有据，便不妨大胆推断，推倒一切不充分的结论，用事理、逻辑、人之常情重新探究。在探究过程中小心求证，重视细节，借助每一处精妙的表达体会词作背后的深意。

（二）深入质疑探究：反省后的清醒、昂扬与求索

经过上一部分的探究，学生发现，苏轼初到黄州的心态几乎与常人无异，学生可以在自己的学习生活中找到类似的情绪，对该词和词人产生一种亲近感。正如每个学生都会从失落的情绪中走出来一样，苏轼也不会就此消沉，一蹶不振，而他振作起来的过程却有一种不同于他人的独特之处。一方面，儒家固有的以天下为己任的担当意识使他对抑制自己政治理想的势力不能不有所反击；另一方面，面对无所不至、无所不能、无力抗拒的强权，他又不能不寻找一种自我解脱与自我保护，低下高贵的头颅，独自舔舐内心的创伤。教师引导学生体会这种矛盾而又真实的心境，结合文本，思考苏轼最终将走上一条怎样的"突围"之路。通过上下阕的对比，学生可以发现，苏轼逐渐抛开了"人生如梦"等无谓的抱怨，变得清醒与理性，在逆境中选择坚持自我，重新接受了不完美的现实。

然而并不是每一个人在历经打击后都能获得如此的成长，苏轼不仅找回了自我，还变得更加豁达从容，这种蜕变是个人的性格使然，还是源于一种强大的文化传统、精神力量呢？应该是二者兼具，于是引导学生通过对比其他文人来探究个中奥秘。

师：文学史上像苏东坡这样面对无法抵御的厄运，成功挣脱精神沼泽的文人多吗？有没有难以释怀，甚至郁郁而终的例子？

生1：我们学过的《唐诗宋词选读》中有不少。如《踏莎行·郴州旅舍》中的"砌成此恨无重数"，将愁和恨渲染到了极致。

生2：《江城子》中"便作春江都是泪，流不尽、许多愁"，盈盈的愁泪诉说着无尽的哀伤。

生3：还有"恨如芳草，萋萋刬尽还生"一句，也倾吐了无穷的恨意。

师：同样是贬谪之作，秦观的作品里到处弥漫着愤懑和无奈。还有其他作家的例子吗？

生4：柳宗元晚年的不少诗歌同样如此，如《登柳州城楼寄漳汀封连四州》中"海天愁思正茫茫""江流曲似九回肠"等句子，茫茫如海天般的谪宦孤寂之苦吞噬词人的心灵，也使读者悲悯不尽，难以释怀。

师：其实，秦观与柳宗元所遭受的苦难未必比苏轼更惨重，至少没有性命之忧。柳宗元作为柳州刺史毕竟是一方大员，秦观任监酒税之职也能拿一份微薄的薪水，不像被贬黄州的苏轼俸禄全无。但秦、柳都英年早逝。柳宗元在47岁接到宪宗皇帝敕命回京的诏书时，于柳州病逝。秦观51岁时接到徽宗皇帝任命为宣德郎的诏书，却在从横州返京途中不幸病逝。他们没有熬过生命的寒冬，没有像东坡一样地成功"突围"。那么，大家还能找出和苏轼一样豁达乐观的文人吗？

生5：刘禹锡可谓苏轼的隔代知音，这位吟出"我言秋日胜春朝""莫道桑榆晚，为霞尚满天"的昂扬向上的诗人，遭贬谪长达23年，"巴山楚水凄凉地，二十三年弃置身"，但他仍豪迈乐观地唱出"沉舟侧畔千帆过，病树前头万木春"。……

学生通过讨论，明白了苏轼在逆境中不断求索的精神十分可贵。苏轼来黄州后心路历程的第二阶段——"反省后的清醒、昂扬与求索"——集中体现在词作下阕的前三句。"料峭春风吹酒醒，微冷"，"醒"可谓一语双关（双关手法在本词中俯拾即是），既是酒醒，又可看作词人在激愤余波后，对世界清醒、冷静的认识。此时的环境是"微冷"，虽然阳光还不够明媚，但生命的严冬已经过去。跟上阕的"穿林打叶声""烟雨"那些阴晦甚至冷酷的意象不同，此处"春风"的意象出现了,"相迎的斜照"出现了。"山头斜照却相迎"正是词人怀着乐观、昂扬的心态主动感知外物,积极求索的结果。儒家的文化传统让苏轼坚定不移,释家的个性修为让他处变不惊,他的坚强与智慧最终让他名垂千古,成为后世文人上下求索的精神指南。学生从上下阕的转变中探究出这一层,便能完成由个体向时代,由文人向文化的认知过渡。

二、案例分析

学生质疑与探究能力的培养离不开教师的启发与引导,也离不开学生独立自主的学习和合作分享的研讨。探究性学习要以教材为基本内容,以学生的认知水平为参照,其背后要有一定的认知基础作为支撑。换言之,探究内容必须符合学情,最大程度覆盖学生的知识储备,让学生可以充分调动自己之前的积累来展开探索,在巩固旧知识的同时开辟新思维,获取新经验。学生有了表达的素材才能形成思考的框架,让表达有理有据有逻辑。学生学会将自己所学知识应用于实际问题,将书本上的内容与自己在生活中的体验相结合,并以此不断验证知识、丰富体验,提升质疑的深度与敏感性,便养成了探究性学习的习惯,从而发展质疑与探究的素养。

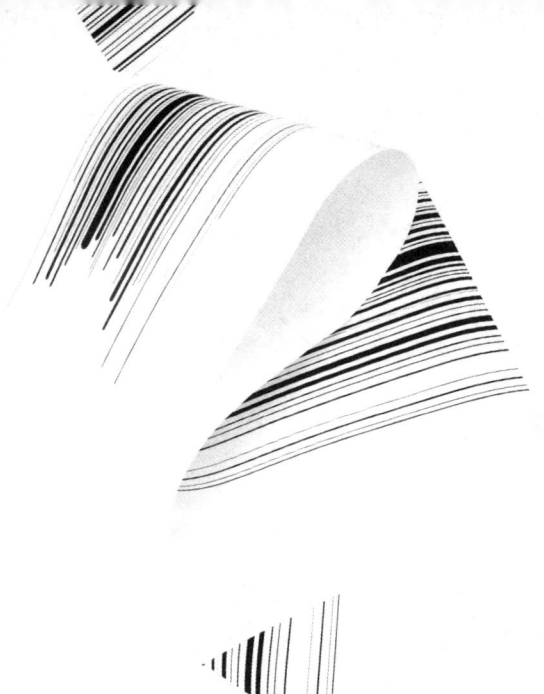

第六章

善于感悟

  知识的学习有三种方式：记中学、做中学、悟中学。课堂里尽可能少点记中学，尽可能多点做中学、悟中学，因为记中学来的东西终归不是自己的，迟早是会遗忘的；只有做中学、悟中学的东西才是自己的，一旦学会将终身受用。感悟就是悟中学，善于感悟不仅仅是学习方式，更是学习品质，是课堂核心素养。

善于感悟是学生在学习过程中具体运用学习能力的手段和表现，是课堂核心素养发展的必要条件。本章从善于感悟的概念、理论基础、学习特质及基本路径入手介绍了善于感悟素养的基本内涵，结合教学案例阐述了善于感悟在课堂的实施方式，倡导将培养学生感悟能力的形成和发展贯穿于教学的全过程，助推教师教学理念和教学方式的变革。

第一节 善于感悟的基本内涵

善于感悟是学生在学习过程中具体运用学习能力的手段和表现，是课堂核心素养发展的必要条件。在课堂教学中培养学生的感悟能力，有助于学生做好学习的自我管理，培养主动学习的意识，选择恰当的策略和方法对学习内容和过程做出适时、必要的调节，提高学习效率。

一、善于感悟的概念

根据《汉语大词典》的解释，感悟指有所感触而领悟，泛指人们对所经历的事物产生的感想与体悟。在教学过程中，学生感悟能力的获得，是指学生在教学情境中，通过对教学内容的理解和体验，产生对学习任务、文字、情感等问题的思考，学生的心理、情感和思维得到激发与触动，从而激发学生主动学习，引导学生运用高层次思维能力，在真实的环境中解决实际问题。

课堂教学是实施和推进学科核心素养的重要载体。在课堂教学中，应以培养课堂核心素养为目标，将培养学生感悟能力的形成和发展贯穿于教学的全过程，营造合适的情境，让学生身临其境，在情境中感悟。同时，教师要引导学生自觉感悟，形成善于感悟的能力，培养正确的价值观念。全球化、信息化时代的飞速发展对我国的人才发展战略提出了更高的要求，课堂教学要体现国家对基础教育人才的培养要求，重视创设丰富学生体验式学习的教学活动，注重学生的主动参与，助推教师教学理念和教学方式的变革。

二、善于感悟的理论依据

1. 教育目标分类学理论

布卢姆制定的教育目标分类系统把教育目标分为认知、情感和技能三个领域，其中，认知过程的目标维度有知识、领会、运用、分析、综合和评价。善于感悟能力的培养体现了学生在参与学习活动中，通过在教学情境中提取信息、建构知识之间的联系，对所学内容进行推论、比较、分析与应用，从而创建新的知识体系，并能对所学知识进行价值判断和评价符合教育目标分类学理论的结构体系。知识目标分类有助于教育者从学生的角度审视目标，有助于教育者看到目标中知识与认知过程之间的内在关系，全面考虑教育的各种可能性。在教学过程中为学生提供解决问题的知识和过程，培养学生达到课程标准所倡导的育人目标，是有意义的学习。

2. 建构主义和经验主义的认识论

20世纪80年代后期开始，后现代课程思潮席卷全球。作为后现代主义课程理论代表人物的，有美国的皮纳（B. Pinar）和小多尔（W. E. Doll Jr）等。后现代主义课程理论中的建构主义和经验主义的认识论基础认为现实生活世界的意义和价值，是人在亲身经历和体验中主动建构起来的。这个认识论基础符合新课程倡导的实践、体验、参与的课程观。在教学过程中，以建构主义和经验主义的理论为基础，关注学生的全面进步和发展，关注教学的过程，注意指导教师做学生建构意义的帮助者，帮助学生激发学习动机，做知识的主动建构者，可以帮助学生形成科学有效的学习策略，建构发展性的课程体系，提升课堂教学的实效性。

3. 最近发展区理论

最近发展区理论是由苏联教育家维果茨基提出来的。维果茨基的研究表明：教育对儿童的发展能起到主导作用和促进作用。儿童的发展呈现两种水平：一种是已经达到的发展水平，一种是儿童可能达到的发展水平，这两种水平之间的距离，就是"最近发展区"。最近发展区是儿童在有指导的情况下，借助成人帮助所能达到的解决问题的水平与独自解决问题所达到的水平之间的差异，实际上是两个邻近发展阶段间的过渡阶段。

新课程以素质教育为背景的教学改革倡导教育要面向全体学生，教学的本质是激励学生的学习积极性，帮助学生全面发展。把握维果茨基的"最近发展区"，能加速学生的发展。正是在这一过程中，教师扮演着促进者和帮助者的角色，指导、激励、帮助学生全面发展。

4. **学科核心素养理论**

《中国学生发展核心素养》以培养"全面发展的人"为核心，明确了学生作为社会主义建设者和接班人所应具备的必备品格和关键能力，为学科教学提供了育人目标指引和方向定位。课堂核心素养是落实学科核心素养的集中体现，学生通过参与体验、实践、探究等活动，发现学习规律，形成有效的学习策略，发展自主学习能力，建构多元化的文化视角，形成分析问题、解决问题的能力，可有效促进学生核心素养的发展。

5. **新课标的学习策略理念**

学习策略研究兴起于20世纪60年代，美国当代著名认知心理学家布鲁纳提出了"认知策略"的研究，随后，教育学、心理学研究者们对智力、认知策略、元认知等进行积极探索，产生了大量有关学习策略的新理论、新知识，为学习策略的研究奠定了基础。我国心理学界到20世纪80年代后期开始展开对学习策略的研究。

新世纪伊始的基础教育课程改革，将教学策略及学习策略的研究列为课程的内容与目标，要求在教学中渗透学习策略的培养，鼓励学生在教师的指导下，通过体验、实践、参与等方式，发现知识规律，形成有效的学习策略，发展自主学习能力。掌握学习策略成为提高学习者学习质量的有效保障。

三、善于感悟的学习特质

学生通过课堂学习，能够做到以下几点，就可以体现出学生具有善于感悟的能力：

1. **善于感悟的学习具有主体性**

在教学的实施过程中，学生能够自觉主动选择研究的目标、内容，制订研究方案，选择学习资源的形式，能积极表达观点，具有对事物的鉴别能力，并能将其内化于个人的意识和品行，树立正确的价值观。善于感悟的学生是学习的主体、自我教育与自我生成的主体。

2. **善于感悟的学习具有情境性**

课堂教学过程是学生知识积累的过程，更是学生身心健康发展的过程。教师在教学过程中，借助实物、图片、影像资料、语言、动作、问题等创设丰富的课堂氛围，营造学习体验的环境，学生能基于不同的情境，有效运用所学知识解决问题，并获得情感、兴趣、动机等非智力因素的发展。

3. 善于感悟的学习具有过程性

感悟是对所经历的事物或体验的经历产生的感想和体悟。善于感悟的学习重视学习的过程性，强调把思维的主动性交给学生，引导学生在自主的建构中把握知识的生成过程，通过独立思考获得对基本知识的领悟和技能、技巧的掌握，并运用知识去自主解决问题。

4. 善于感悟的学习具有实践性

感想和体悟的获得注重课程学习与学生生活经验的结合，倡导学生主动参与、乐于探究，引导学生从生活实践中发现问题，鼓励学生在实践性活动中体验、感悟和解决问题，加深对于文化内涵的理解与鉴别。

5. 善于感悟的学习具有生成性

在课堂学习过程中，学生能通过分析、比较、推断、评价等活动获取新知识，在自主活动中生成新观点、新创意以及新设计，创造性地解决问题，在对问题的思考和质疑论证过程中形成学习观点，具有生成性的特点。

四、培养善于感悟素养的基本路径

在课堂教学中，教师可以按照学生的实际情况，引导学生自觉感悟，开展培养感悟能力提升的系统训练，帮助学生形成正确的价值观念。

1. 科学准确设计教学目标

教学目标是课堂教学活动的预期结果或标准，对具体教学行为和学习行为起到导向、引领作用。科学设定教学目标，是提升课堂学习成效、实施有效教学的关键。在对教学目标、教学行为、学习行为等教学内容进行统筹安排的同时，要将培养学生善于感悟的能力目标贯穿在教学活动中，明确教学内容涉及的正确价值观念，并注意观察在学生和课堂教学环境等变量因素的影响下，通过有效的目标调控策略，引导课堂教学"预设目标"和"生成"实际目标的自然衔接，通过实施有效的教学行为和学习行为，从而实现学习成效的最优化。

2. 创设真实的教学情境

教师在教学过程中，创设与主题内容密切相关的教学氛围，营造学习体验的环境，充分挖掘教学主题所承载的文化内涵和培养学生善于感悟能力的关键点，将抽象的知识内容还原到真实的学习情境中，将知识学习与学生的生活实践建立联系，鼓励学生通过体验观察、实验操作、角色模拟、鉴别反馈、观察评价等方式开展学习和探究活动，通过体验式的学习和思维活动，推动学生对主题的深度学习，帮助学生建构和生成新的知识体系。

3. 实施问题驱动的深度学习

在课堂教学中，基于问题驱动组织开展学习活动，需要教师巧妙设计核心问题，通过问题激发学生探究的兴趣，引导学生通过合作、探究、质疑、讨论、交流、展示等学习活动，主动探究解决问题，促进感悟能力的提升。组织开展问题驱动的教学活动，要基于学生的认知水平，运用有效提问的方式，开展以生为本的提问设计，例如在华外同文外国语实验学校高莹老师执教的一节四年级绘本阅读课"小狼的新家" *Little Wolf's New Home* 中，教师展示一本绘本故事书的封面，引导学生观察封面信息，请学生思考：What do you want to know about this story?（对于这个故事，你们想了解些什么内容？）通过师生的互动问答，教师鼓励学生自主设计问题，围绕问题的驱动开展学习活动，学生提出了如下的问题：P1：Where was little wolf's new home?（小狼的新家在哪里？）P2：Why did little wolf want a new home?（为什么小狼想有一个新家？）P3：How many wolves are there in her family?（小狼的家里一共有多少只狼？）P4：Did little wolf live in the city?（小狼住在城市吗？）教师引导学生自主设问，可以培养学生获取封面基本信息的能力，通过对故事内容进行联想，逐步推进以探究性问题引领的故事学习。推进以探究性问题引领的课堂学习，可以帮助学生对所学知识进行思考和评价，深化对知识体系的理解和鉴赏，并运用所学知识进行表达和交流，让学生说出自己的感受和感悟，教师对学生的正确感悟给予肯定评价，对不正确的予以纠正，学生在学习和思考的过程中逐步获得理解能力和感悟能力的提升。

4. 组织设计思维的系统训练

善于感悟是学生在学习过程中具体运用学习能力的手段和表现，是培养课堂教学核心素养的重要维度。思维能力指在生活和学习的过程中，通过观察、比较、分类、推理、判断、概括等方法处理问题的能力和水平。开展以培养学生思维能力为导向的教学实践研究，是落实义务教育阶段课程总目标的体现，有助于丰富学生思维的方式，提升分析和解决问题的能力，促进课堂教学核心素养的养成，为学生未来更好地适应社会发展奠定基础。例如在一节六年级英语课的评价检测活动中，教师请同学们从城市和乡村生活的两幅图中，选出一幅图描述自己喜欢的生活，并用不少于 5 句话写出自己喜欢的原因。这是一道写作题目，写作素材来源于生活，话题类型源自于教材，写作任务提供了自主思考的空间，学生可以发挥学习能动性，挖掘自己喜爱的生活方式及原因，组织语言完成创造性写作。教师通过语言学习活动激活学生的思维，设计多样化的思维训练活动，引导学生多角度、多层面、多方式地思考，提高思维的逻辑性和创造性，对学生感悟能力的提升具有积极的促进作用。

5. 开展核心素养导向的学习活动

《中国学生发展核心素养》中提出了六大学生核心素养，其中学会学习、批判质疑、勇于探究、乐学善学、善于反思、问题解决等维度是核心素养的基本要点。感悟能力正是探究、反思、解决问题、自主学习等活动能力的综合体现，是学生综合发展能力的表现。在教学活动中，要以课程标准设定的核心素养的内涵与水平制定教学目标，设计发展学生综合素养的教学活动，强调在真实的情境中评价学生的学习，注重引导学生在悟中学，创设机会让学生表达自己的感悟，通过课堂教学改革，培养全面而有个性的人，促进学生个人潜质和综合性实践能力的提升。

第二节　善于感悟在课堂的实施

本节着重从善于感悟在课堂的基本实施，即善于感悟实施的原则、善于感悟实施过程中的具体方法以及需要注意克服的几个误区来进行论述，希望教师通过本节内容的学习，能掌握课堂教学培育学生善于感悟核心素养的技能和方法。

一、善于感悟在课堂实施的原则

1. 教师与学生在善于感悟素养培养中的对等性原则

学习和思维不是独立无关的两件事，学生在思维活动中学习，同时也学习思维本身，两个过程相辅相成。良好的思维能力是取得成功的关键。学生善于思考和感悟素养既然是教师通过一定的手段和方法让学生理解和体验教学内容，从而触发学生产生对学习任务、文字、信息等问题的思考，继而激发学生心理、情感和思维的过程，那么这个过程一定应该首先发于教师的内心。学生的感悟素养是建立在教师善于感悟的素养基础上的，对教学内容未能进入深入感悟状态的教师，无法培养学生的感悟素养。这是对等性原则决定的。因此，善于思考、积极投入到课前的准备中，深刻了解教学内容的背景、思考学生现阶段学习能力、教学内容和教学手段如何达至思行合一，这都是教师在课堂上培养学生善于感悟能力的前提。

2. 发展学生善于感悟素养的正确价值导向性原则

前面谈到，教师对教学目标设计时，要将培养学生感悟的能力目标贯穿在教学活动中，其中感悟能力培育中的价值导向是非常必要的。南非前总统纳尔逊·曼德拉（Nelson Mandela）曾经在回答一个二年级学生提出的问题时说，如果孩子们能够被教导去憎恨，那么他们同样能够被教导去爱。例如一位语文教师在教授《鸟的天堂》一课时，在差不多整块黑板上画一棵大榕树：高大的榕树、茂盛的枝叶、富有活力的根须、阳光下熠熠生辉的叶子还有一池碧波……这样的视觉效果很难不让学生产生对自然热爱和呵护的共鸣。事实上，美国学者莎娜·皮普斯（Shanna Peeples）在调查了不同国家地区、不同阶层的青少年后，指出"那些让我们成为独一无二的人的东西：我们的情感、我们的智力、我们的社会能力，还有我们的精神生活。这些在学校里是最不受欢迎的，但我相信却是学生最希望融入课堂中去的"。事实上，学生极其需要教师在教学中帮助他们找到生活的意义和价值，尤其是那些不自信的学生。教师以正向、积极的教学方式引导学生获得积极感悟，与教师构建积极的价值目标是正相关的。

3. 发展学生感悟素养的积极教育原则

积极教育，就是把传统教育学技术和积极心理学相结合的教育，它强调学生在学习知识的过程中要通过友好合作、有效沟通方式培养学会思考、自律等良好品格，提高善于解决问题的能力。积极教育用一句话来概括，就是积极人性教育、做一个有魅力的好人。在课堂中实施积极教育原则其重要性在于让学生在有安全和归属感的课堂中积极投入到学习中去，这是发展学生善于感悟素养的心理基础。从感悟性质看，教学中更应该倡导积极感悟多一些、消极感悟少一些。毕竟个体对事物的看法是有差异性的，不同的人，对某个具体事件感悟可能是积极的，也可能是消极的。从培育健全人格角度看，中小学学生应多点从积极角度感悟，促进积极情感的产生，也有利于学生的健康成长。

4. 学生感悟过程中的时间性原则

感悟是人通过学习活动对世界逐步深入认识，并让个体心理、情感和思维得到激发与触动的过程。从教学实施看，教师在提出问题或者布置任务后要给学生一定的时间去体悟、感受。很多情况下，在教室里教师提出一个问题后，经常为了赶进度出现教师自问自答的情况，没有给予足够留白和空间给学生思考。究其原因，很大程度上就是教师课堂中提出问题的随意性导致的，教师所提的问题不是课前结合学生理解能力做好充分准备提出，而是经常陷入"灵机一动"状态，甚至有些问题的答案就是非此即彼，导致学生不是不懂回答就是不想回答。不可否认，课堂教学具有灵活性的一面，教师结合教学当下发生的状况即兴提出问题也是可以的。但从实际情况来看，课堂即兴问题，不管从问题本身还是答案相关性、逻辑性、严谨性看，不仅很难产生好的效果，也不一定能触动学生情感共鸣从而引发学生深入的感悟。从个体来看，每个人对教学内容产生感悟的时间肯定是不一样的。有的会快些，有的会慢些，甚至有的会没有什么感悟。作为教师要理解学生个体心理感受、思维能力和情感理解力的差异性，并根据问题的复杂程度给予学生足够的时间去思考体悟。

5. 发展学生善于感悟素养中尊重差异性原则

所谓"善于"，即擅长、有特长。因此，发展学生善于感悟素养，是一个长期的训练和培育的过程。这个过程中，教师提升学生感悟素养应根据学生个体差异性、学生不同学段和不同的年龄特点进行动态调整。

二、 善于感悟在课堂实施中的具体方法

1. 教学目标设计上，要结合教学内容和学生的实际做好学生学习感悟能力的目标设计

下面结合人教版五年级语文（上册）《牛郎与织女》授课，来尝试理解其实施的具体思路。该课教学目标设计上，教师在阐释了相关知识技能目标后，在生成的情感目标上是这样表述的："读懂文中牛郎织女爱情的坚贞，对幸福的不懈追求；读懂文中表现的情感，古代人民借民间故事表达对美好生活的追求。"作为一种价值导向，教师无疑是希望学生通过这个神话故事对学生的思想产生共鸣，能感悟到对美好生活的向往、追求。但学生10—11岁的年龄能否在这么抽象的目标下产生深刻感悟？而教师可以通过什么样的教学方式让孩子产生这样深刻的感悟？这是一个非常有意思的问题，关键是能否结合学生的实际和教学内容的实际开展情感目标设计。我们应该致力于对教学目标、教学行为、学习行为等教学内容进行统筹安排，以此达成学生善于感悟的能力目标。结合上述案例，教师在情感价值目标上可以做一个预设："学生通过感受牛郎织女追求自由幸福的美丽动人故事，初步学会分辨生活中的善恶美丑，懂得在实际生活中实践美好行为、美好品格，懂得通过努力实现个人幸福自由，懂得摒弃和抵制身边丑陋的和欺凌他人的行为。"通过这样的预设，教师可以在问题设计上更加贴合学生实际。这些问题可以包括：在这个故事当中，你认为，谁是善的、谁是恶的？哪些行为是美的，哪些是丑的？理由是什么？联系自己的生活实际，你认为如何去勇敢追求自己的幸福生活？这些设计和结合学生生活实际的课堂问题，能较好地引发学生的共鸣和思考。从价值导向看，这样接地气的问

题设计无疑对帮助学生培育善于感悟素养能发挥不可忽略的作用。

2. 教师学会用好赋能性语言培育学生善于感悟的核心素养

第一，学会使用启发式语言去赋能学生学会感悟。

所谓"启发"，按照现代汉语词典解释，指的是用事例引起对方联想而有所了解和领悟。因此，积极教育非常倡导教师运用启发式语言来引导学生思考和感悟，它不仅仅在课堂上实施，更倡导教育的全过程实施。只有这样，学生才能从偶尔感悟走向善于感悟。启发式语言一般为这样的句子：你今天感觉到这个知识点的难度在哪里？对于今天这堂课的××知识点，你还有哪些需要了解的地方吗？这堂课的学习，你有什么新的收获和启发？如果可以再来一次，你会怎么处理这件事？我能做些什么来帮助你，让你能更好地完成这道练习题？要在下课前完成作业，你计划怎么做？

综上，启发式语言的运用有以下几个特点：是疑问句；教师启发时的态度是友善、温和的；教师一定是真的很好奇孩子是怎么想的；关注于引导学生学会思考、学会解决问题能力的提升。例如，人教版二年级《道德与法治》（上）第13课《我爱家乡的山和水》中，设计了"赞美我的家乡——我的家乡的山和水——家乡的童谣——画出家乡美"教学思路，预设的目标是：通过学习，能知道自己的家乡是哪里，能明白自己家乡和自己现在居住地的关系，能表述一到两个家乡的美景、美食和名人，能学会诵唱一到两首家乡粤语童谣，如《月光光》《落雨大》等；通过学习，能懂得描绘、保护、建设好家乡的山和水，需要我们少年儿童怎么做。课堂教学实施过程中，我针对孩子们学唱的两首粤语童谣设计了这样的问题：《落雨大》的童谣中，落雨大一般是什么季节？水为什么会浸街？唱这首歌的时候你有什么感受和想法？在《月光光》的童谣中，可设计几个问题：这首粤语歌谣发生在什么季节？歌谣唱出了哪些食物和生活用品用具？月光光让你想起了哪些中国传统古诗词？古人喜欢用月亮来代表什么样的情感？你有什么新的发现？

实际上，"启发式语言"也可以称为"启发式提问"。这类提问是建立在教师对学生充分尊重基础上，表达了教师对于孩子内心世界的好奇和希望了解学生的真诚愿望。能经常说出启发式提问话语，对于习惯性说传统命令式话语的教师来说是有点困难的，毕竟它的句式比较长，而且这些问题可以是开放式的，最终就是希望遵循学生内心的想法，甚至有些可能是奇思妙想，同时在学生奇思妙想下引导学生深入思考、逐步提高自己解决问题的能力。掌握启发式提问的技能，对于教师培育学生善于感悟素养真的非常重要。

第二，以鼓励式话语赋能学生善于感悟。

美国心理学家鲁道夫·德雷克斯（Rudolf Dreikurs）曾说过："当孩子感觉好的时候，他们才能做得更好。"现代汉语词典解释，鼓励是指激发、勉励。鼓励对于儿童健康成长、激发学生善于感悟的能力不仅是营养剂，更可以成为学生每天的精神"主食"。鼓励性语言，对于赋能学生培养良好素养是有现代教育心理学实验做支撑的。其实证来源于斯坦福大学著名发展心理学家卡罗尔·德韦克（Carol S. Dweck）及其团队的研究成果——"鼓励和表扬对孩子影响的实验结果"。这个团队曾对纽约 20 所学校，400 名五年级学生做了长期的研究。该实验主要是尝试以鼓励与表扬的语言指令学生完成四轮不同难度的智力拼图实验。研究结果发现，用鼓励学生努力用功的话语，例如"你刚才一定非常努力，所以表现得很出色"等，学生完成任务的成功率和效能较使用表扬语言"老师觉得你真棒""老师会给你一个奖励"等会更高、更有耐挫力。实验结果表明，鼓励的话语会给孩子一个可以自己掌控的感觉。孩子会认为，成功与否掌握在他们自己手中。这项实验历经 10 年，最终得出的结论就是：鼓励的语言更能激发学生积极投入思考和深刻领悟的素养，并最终让学生养成终生受用的成长型思维。

鼓励性话语一般有："干得好！你尽力了！""你对你今天课堂学习的成果感觉怎么样？""你自己就做到了。""我注意到你今天写作业又快又好。""我感谢你今天帮了老师一个忙，这样老师感到很轻松……"等等，其句式如下：

我注意到（关于学生课堂学习中的亮点）……

我感谢你……（学生课堂中做的一件事情），是因为……

我相信你……（教师是真的相信学生，并不人为拔高）

上述鼓励句式，首先需要教师尊重和真诚对待学生，其次它是建立在教会学生自我评价，无须他人认可就能感受到自己价值的基础上。

3. 角色扮演对学生善于感悟素养的作用

新课改非常提倡通过同伴互助学习来实现教学目标，其中，角色扮演作为小组同伴合作探究某一教学内容或知识点的方式受到教师们的充分肯定。美国缅因州国家训练实验室研究成果"学习金字塔"理论认为，"对于'教别人'或者'马上应用'，可以记住90%的学习内容"。该理论说明了同伴一起角色扮演对于培养学生深入领悟和思考教学内容的独特价值。具体来说，我们开展角色扮演的教学，需要做到下列环节：确定角色扮演的内容——设计行为的主体——行为实施——思考领悟。例如，人教版二年级《道德与法治》课（上）第12课《我们小点儿声》教学中，先就"关于吵闹对于人的影响"内容进行角色扮演的确立，然后邀请学生扮演的角色、进行实施和提出问题展开讨论。具体如下，请一个小组约6名学生扮演吵闹的场面，并设计如下问题：你看到了他们几个同学在吵闹，有什么感受？如果你在跟别人说话的时候，旁边的人也这样，你的想法和决定会怎么样？如果你有这些行为，你会怎么做？如果你发现了这些行为，你又需要怎么做？……不断地追问，让孩子们的思考更加深刻，并反思自己和他人的行为。在这个过程实施中，最重要的环节是问题设计的开放性和深刻性。

三、善于感悟在课堂实施中要注意克服的几个误区

根据善于感悟素养在课堂实施的原则和方法，教师在课堂教学实施过程中，务必注意克服几个误区：

1. 认为表扬就是鼓励

表扬是指对象聪明，或者表达令人满意的评价，鼓励则是指鼓起对方的勇气，激发和激励。前者主要是夸奖对方的聪明，立足于他人的评价，所有满足感都依赖于他人肯定的评价，具有操纵性；后者则指向对方的行为，主要是努力的行为，具有尊重和欣赏的意味。哈佛大学心理学教授卡罗尔（Carol Gilligan）的研究结果表明"表扬，即夸奖孩子聪明，就等于告诉他们成功不在自己的掌握之中。这样，当他们面对失败时，往往束手无策"。由于被长期表扬的孩子会容易得出这样的结论：我很聪明，所以，我不用那么用功。他们甚至认为，接受挑战会失败，所以接受挑战是很愚蠢的行为。久而久之，这些孩子的耐挫能力会越来越差，不仅难以接受更高程度的挑战，而且一旦失败容易丧

失信心和勇气。相反，鼓励话语成长起来的孩子，会更加相信自己，更加容易接受失败和挫折，也更加容易通过自己的努力重新走出困境，从而获得成功。因此，表扬是"糖果"，偶尔吃吃就好了，而课堂上教师鼓励话语则是"主食"，学生的成长需要天天享用。

2. 认为启发式问题就是问答式教学

现实课堂教学中，不少教师喜欢在课堂提出问题，并认为这是在启发学生。实际上，这其中有很多水分，主要是自问自答、即问即答的情况较为普遍，这种提问不仅很难启发学生，而且如果教师提出的问题是非此即彼的答案，那就完全没有回应价值了。这样的提问，就是程红兵校长所认为的问答式教学，而非启发式提问。真正的启发式提问，既需要教师课前精心备课并按照"启发式语言"的特点设计问题，也需要教师课堂提问中对于孩子回应的耐心等待，更需要课后不断积累启发式提问的经验，并能逐步历练出教师课堂上应对突发课堂教学状况提出启发式问题的应变能力。

3. 希望用启发式等赋能性语言一下子就改变学生的行为

首先，不可否认的是积极教育的工具和方法例如启发式提问和鼓励式语言，能赋能学生善于感悟的素养，但其作用并不是为了改变学生的行为，而是为学生提供一种赋能性的支持，让学生能在这种赋能性支持环境中学会合作、学会思考、学会解决问题。同时，期待积极教育能短期内帮助到学生培养善于感悟素养是不现实的。积极教育是需要一个较长时间的实践过程，需要教师有不断反思和领悟的过程，需要教师有一个强大的内心和稳定情绪支持。

第三节　案例分析

在课堂教学中如何发展学生的核心素养呢？我们都认为，教师要以学生为主体，充分调动学生学习的积极性、主动性和创造性，不仅要注重学生对知识的掌握，而且更要重视学生思维能力的培养，引导学生善于感悟，让学生在悟中学，这样才能取得更好的教学效果。善于感悟是课堂核心素养的重要内容。因此，我们在课堂教学中一定要重视引导学生在学习中感悟。

下面就苏教版初中生物学《生态系统的组成》一课时的教学，如何引导学生思考和感悟，让学生在悟中学，从而推动核心素养的落地，加以分析。

一、在情境中启悟

情境创设是课堂教学的一种手段，它不仅是为了激发学生的学习兴趣，同时还是核心素养得以实现的现实基础。教师在教学过程中，需要创设与教学目标密切相关的教学情境，适当制造认知冲突，引发探究兴趣，引导学生积极思考，自觉感悟，使学生主动参与到学习活动中。

在《生态系统的组成》教学中，教师从学生已有的知识和生活经验出发，创设一个生活情境导入新课，拉近教学内容与学生感知之间的距离，让学生在启发中感悟。首先，播放一个视频：在广阔无垠的草原上，和煦的阳光照耀着，草原长着绿油油的青草，牛羊在悠闲地吃着草，牧人在举鞭歌唱。然后，教师提出问题："寒假快到了，许多同学想乘此机会到大自然中去，拥抱大自然，感受大自然，从而放飞自己的心灵。看到刚才的视频，假如你现在正置身于这样优美的环境中时，你会看到什么呢？你会听到什么呢？你又会悟到什么呢？"让学生思考。

学生除了欣赏到美丽的风景，还说出自己的感受和感悟。有的学生说："我看到了辽阔美丽的大草原，绿草与蓝天相接，一碧千里，十分美丽。"有的学生说："草原上牛羊相互追逐，听到了牛羊的欢叫声，听到了牧人举鞭歌唱，人与环境和谐共存。"有的学生说："多彩的生命构成了缤纷的世界，形成了一个整体。"接着，教师追问："这时候，你有想到过这些环境中的各种生物之间的关系吗？有没有想过这些生物和非生物之间的关系呢？"学生通过思考，慢慢悟出了生物与环境之间的息息相关、相互依存、相互影响的关系。然后，教师指出："生物与环境形成统一的整体，那么这个统一体是什么呢？就是本节课要研究的问题——《生态系统的组成》。"提出了本节课的学习主题，激发学生的探究热情。

二、在探究中领悟

生物学习只有通过学生的探索、发现，在发现中体验认知，情感、技能、态度才能协同发展，这才是真正的有意义的学习。因此，教师在教学中要引导学生积极探究，让学生自己主动参与课堂活动，在动态的过程中感悟知识的生成，从而在这些过程中获得积极良好的体验。

在学习《生态系统的组成》一课时，教师播放"草原生态系统"多媒体图片（如下图），然后以层层深入的问题链为线索让学生探究，并说出自己的感悟。教师设计的问题链如下：①举例说出你所熟知的生态系统有哪些；②说出图中所示的生态系统中有哪些生物，这些生物在生态系统中分别具有怎样的作用，扮演着怎样的角色；③生态系统中除了上述生物部分外，还有哪些非生命的物质？

图6-1 草原生态系统图

学生在探究活动中，仔细观察图片，分析因素，展开学习讨论，并交流自己的学习感悟。最后了解到生态系统是在一定自然区域内，生物与环境通过不断的物质循环和能量流动相互作用、相互依存而形成的统一整体。生态系统一般由生物成分和非生物成分组成，非生物成分组成包括阳光、空气、水和土壤等。生物成分包括生产者、消费者和分解者。然后，教师接着追问：生物与生物之间、生物与非生物之间有着怎样的关系？缺少其中任何一种将会产生什么后果？学生通过思考、感悟得到：生物和环境是统一的整体，它们之间是相互依存、相互影响的。

学生在开展探究活动过程中，不断加深体验感悟，提高了发现问题和解决问题的能力，培养了创新精神和创新能力。学生感受到了大自然的美妙与和谐，了解了生物、社会、生活的密切联系，形成了热爱大自然的情感。

三、在展示中感悟

学生都是有着丰富的人格、丰富个性的活生生的人。在课堂教学中，教师应该给学生提供展示与交流机会的舞台，让学生说出自己的感受和感悟，展现自己的学习成果。教师对学生的正确的感悟要给予肯定评价，对不正确的予以纠正，学生在学习和思考的过程中逐步获得理解能力和感悟能力的提升，并获得正确的价值观。

在学习《生态系统的组成》一课时，请一个小组的学生来分别扮演生态系统中的植物、动物、细菌与真菌、无机环境等角色，加深对教学内容的理解和感悟。一位学生扮演植物，他说："我是植物，植物是生产者，能够进行光合作用制造有机物，储存光能。我制造的有机物，不仅养活了自己，还养活了动物呢！没有绿色植物，就没有生态系统。"一位学生扮演动物，他说："我是动物，动物是消费者，不能自己制造有机物，我的生存必须直接或间接地依赖于绿色植物，所以叫消费者。以动植物为食的动物和人也是消费者。消费者对于植物的传粉、受精、种子传播等方面有重要作用。"一位学生扮演细菌，他说："我是一个无人看见的细菌。我和我的兄弟真菌是分解者，能将动植物的遗体、排出物和残落物中所含的有机物逐渐分解成无机物，归还到无机环境中被绿色植物重新利用。如果没有分解者，动植物的遗体残骸就会堆积如山，生态系统就会崩溃。"一位学生扮演无机环境（阳光、空气、水），他说："我是无机环境，尽管你们的作用很重要，但是如果没有我们，你们能够呼吸到新鲜的空气吗？植物能够吸收到充足的水分和养料吗？如果有一天太阳我消失了，你们想象过将会发生什么可怕的事情吗？世界一片漆黑，生物一个一个慢慢地死去，多可怕呀！所以，只有在我们的怀抱中，动物、植物和细菌才能共同生活。由此，我们的作用是最重要的。"

通过角色扮演，极大地激发学生学习的积极性，让学生主动参与，实现自身价值，获得自我激励。此外，还能培养学生语言表达能力、合作交流能力。通过分析生产者、分解者、消费者的功能和地位，让学生熟悉大自然，培养出对大自然的热爱之情。

四、在总结中促悟

布鲁纳认为，知识的整体性是知识相互联系的第一体现。因此，教师在教学中应该克服知识的离散性，引导学生找出知识点之间的联系与区别，将所学过的知识重新组织、加工，建构比较完整的知识体系。建立知识体系的过程，就是分析、归纳的过程，是学生的感悟能力和思维能力得到提高的过程，是发展学生核心素养的重要途径。

在学习《生态系统的组成》一课时，让学生根据自己的感悟画出生态系统关系图。学生在画图中，对已有知识和经验进行体验、反思，从而获得整体认知，在认知、情感、能力等多方面得到发展。

五、在迁移中拓悟

我们在教学中要注重学用结合，进一步认识和体会生物的应用价值。迁移就是将学习过程中所获得的知识、方法应用于新的学习活动和解决真实情境的问题，以及迁移到其他学科和领域中解决综合性的问题。因此，教师在教学中，应重视引导学生有效运用所学知识解决问题，特别是鼓励学生在实践性活动中体验、感悟和解决问题，培养学生分析问题、解决问题的能力，并获得情感、体验、价值观等非智力因素的发展，发展学生的核心素养。

在学习《生态系统的组成》一课时，可布置一些拓展作业，拓宽学生思维，深化学生感悟。一是可以将学生分成几个小组，让学生参加实践活动。让学生在校园或校园附近的自然环境中观察一个生态系统，说出它们的组成成分，并分析这一生态系统中各种生物之间的取食关系。学生在实践活动中，都有自己的想法、自己的发现，在发现中加深对新知的感受、体验。二是可以让学生制作生态瓶，并进行评比。学生在制作生态瓶过程中，获得对基本知识的领悟和技能、技巧的掌握，并运用知识去自主解决问题，使学生从中学到探究知识规律的科学方法；并体会和感悟到生物与环境之间的关系，了解它们是相互影响、相互依存的一个不可分割的整体，形成热爱生物、热爱大自然的情感。

第七章

积极操作

操作就是做，要求在课堂里注重做中学，学生在课堂里不仅要有想法、有说法，而且要有做法，只有想法说法，而没有做法，就不能学以致用，就不能运用所学知识和经验解决实际问题。积极操作不仅是非常有效的课堂教学行为，更是学生的学习品质和素养，教师必须关注。

积极是态度，操作是能力。积极操作是课堂核心素养之一，是课堂里学生应形成的必备品格和关键能力。本章从积极操作的基本内涵、积极操作在课堂的实施和具体的案例分析三方面进行论述，让学生在有想法、有说法的基础上，还应有做法。让学生在课堂里动手操作，在做中学，从而提高学生的核心素养。

第一节　积极操作的基本内涵

操作就是在实践中学习。在教室里，学生们不仅要用眼睛看、用耳朵听，而且还需要动手做，是手和脑的结合，是一种积极思维和主动活动的体现。学生要积极参与课堂的各个教学环节，充分体现其学习的主体性。下面将从积极操作的理论意义、积极操作的应用价值和积极操作的关键要素三个方面来阐述积极操作的基本内涵。

（一）积极操作的理论意义

操作是指动手学习的过程，即在教学过程中，教师结合教学内容，运用学习工具动手去做，使学生在操作中了解和掌握知识，建立正确的表征。动手操作的概念来源于瑞士儿童心理学家皮亚杰的行动促进思维理论。他认为"智力从整体行动开始，知识的形成主要是动作运动的同化"。他还指出：活动是认识的基础，智慧是从行动开始的。美国教育心理学家加涅也认为，运动技能是一种相对独立的表现或品质，与语言信息、智力技能、认知策略和态度相对应。苏联著名心理学家赞科夫将人的能力发展分为实际操作能力、观察能力和思维能力。美国心理学家加德纳·霍华德提出了多元智能理论，他将"身体运动智能"列为每个人的八种先天智能之一，这是指使用整个身体或身体的一部分（包括嘴和手）来解决问题或创造产品的能力。这种智能的特点是能够熟练地操作工作对象，不仅包括用手指做小动作的运动能力，还包括用全身做大动作的运动能力。华盛顿国家图书馆的墙上写着三句话："我听到了，但我可能忘记了；当我看到它时，我可能会记得它；我已经做到了，并且真正理解了。"杜威的"做中学"和陶行知的"教学做三者合一"等理论，充分说明在课堂教学中组织学生主动操作、实践探索和个人参与，对培养学生的核心素养具有重要意义。

动手操作是一种通过身体，特别是用手去做的实践活动。重点培养学生的动作协调能力、工具技术运用能力、设计制造能力、发明创造能力等。它是一种以知觉为主，多种感官参与的认知活动。学生对知识的理解和感知主要通过动手操作。《基础教育课程改革纲要（试行）》指出："倡导学生积极参与、乐于探索、勤于动手，培养学生收集和处理信息、获取新知识、分析和解决问题、沟通与合作的能力。"由此可见，教师在课堂上引导学生动手操作是实现新课程理念的有效手段。"真正的知识来自实践。"操作首先是通过手与眼的合作活动对客观事物的动态感知，然后将一系列外部活动转化为内部言语形式，这是手与大脑紧密联系的智力内化方式。当他们在操作时，也必须同时思考，操作中获得的图像和表征及时促使他们进行分析、综合、比较或总结、类比和猜测，从而深刻理解抽象的学科知识。鼓励学生动手、大胆假设、不断尝试，可以充分发挥学生的大脑潜能，提高学生的核心素养。

（二）积极操作的应用价值

1. 有助于学生理解知识

操作实践是发展学生能力的源泉和思维的起点，可以更好地帮助学生理解知识。它简化了复杂的知识，并将枯燥的学习过程变成了一个有趣、快乐和思考的游戏。直观操作和动手实践针对小学生对知识的理解和记忆是大有帮助的。因此，在教学中，教师可以结合教学内容多设计一些操作性的活动，引导学生在动手操作的过程中去体验、探究、思考，从而寻求规律，分析知识的内涵。只有通过自己的亲身实践和自我探索，才能更深刻地理解。在课堂教学中，教师应遵循学生认知心理的发展规律，组织合理的知识结构；要展示知识产生、发展和形成的过程，为学生提供体验的机会；要将操作与所学知识紧密结合，使学生在操作中获得认知，增加体验，即在学习新知识的过程中突出学习过程。在数学课堂中，为了使学生建立认知系统，探索和发现数学新领域，提高和培养学生解决数学问题的能力，让学生动手操作是重要途径。它能使学生直观地获得感知，从而加深对知识的理解。例如，在教学"三角形的内角和"的内容时，教师首先要求学生画一个三角形，然后用量角器逐个测量每个角的度数。内角和结果都接近 $180°$，但存在一定误差。我们该怎么办？教师这时引导学生做实验，一种方法是：把纸片中的三个角撕下来摆在一起，结果得出的结论是三角形的内角和刚好是 $180°$。还有一种方法：先在纸片上剪出一个三角形，再把三角形的三个角都折在一条线上，也可以得出三角形的内角和是 $180°$ 的结论。在这些操作过程中，学生们分工协作，有的折纸，有的测量，有的记录，有的计算，有效地将手和脑结合起来，很好地加深了对知识的理解。

2. 促进学生思维的发展

苏霍姆林斯基说："手和大脑之间有密切的联系。"动手操作可以促进学生思维的发展，思维反过来服务于动手操作，指示操作的顺序和方法。动手操作可以使学生获得感性认知，为学生的思维提供支柱，帮助学生理解抽象知识。在操作中，学生不仅要仔细观察、细心分析比较，还要概括总结和得出结论，以促进思维发展。因此在指导学生操作时，教师必须引导学生手脑合一，将操作与思维活动有机地结合起来，不仅要指导学生如何操作，更重要的是要引导学生根据操作中获得的具体经验和表象，构建新的知识。例如，在教"圆的认识"这节课时，问："如何画两个大小相同的圆呢？"学生们通过思考和交流产生了很多想法，他们的思维在画圆之前就确定了操作的方向。画完后，让学生剪下来验证。动手剪好后，让学生谈谈剪圆形和剪方形的不同感受。通过思考，学生发现剪圆形时剪刀要按顺序转弯很麻烦，从而理解圆的外圈是弯曲的。学生在操作和动脑思考中，充分发挥了思维的创造性和独立性，有效促进了学生思维的发展。

3. 有利于培养学生创新能力

创新教学就是教师通过有效的手段充分激发学生积极学习和参与实践活动。从心理学的角度来看，每个人都想创造和成功。学生是学习的主体。学生只有通过自身的操作、比较和思考，才能真正理解知识，体验知识的脉络，从而促进学生创新意识的发展。在教学中，教师可以多些结合生活实际引导学生动手操作，为学生提供更多的实践机会和更大的思维空间，使操作成为培养学生创新意识的源泉，使学生通过操作重新发现新知识，通过操作培养学生的创新意识和能力。例如，在"拼七巧板"活动中，教师让学生充分去想象，通过摆弄不同形状的小木板，拼出自己喜欢的东西。学生们可开心了，边想边玩边拼，不一会儿就拼出了房子、火炬、鱼和其他物体的形状。这时，教师及时对积极操作的学生进行鼓励，还展示了更多的拼法，学生们大开眼界。在宽松和谐的氛围中就自然而然地萌发了创新意识。

4. 有利于培养学生解决问题的能力

荷兰数学教育家弗兰登塔尔（Frandenthal）认为"数学来自现实，也必须植根于现实并应用于现实"。在小学数学教学中，要积极创造机会，引导学生用数学知识解决生活中的一些问题，让学生用手、用眼、用脑、用嘴参与学习，发展学生数学思维，提高学生实践能力。例如，在学习"测量"这个内容时，教师在课堂上首先教会学生测量的方法，然后组织学生测量书本、文具盒等物品，记录精准的数据。教师还将数学知识进行拓展延伸，课后布置学生们测量自己不同时期的身高并进行记录，让他们了解自己的成长变化。在校运会举行跳远、扔沙包比赛时，组织学生测量同学跳远及扔沙包的距离，从不同的数据中定出奖次。这些活动让学生们了解了测量在日常生活中的广泛应用，同时更好地培养了学生的实践能力和解决问题的能力。

5. 有利于培养学生的合作意识

操作主要是通过学生对物体的触摸、切割、摆动、拼写等具体动作来感知物体的外观，通过思考形成理解，在师生交流中达成共识，最终内化为自己的知识。课堂上有些操作是个人完成的，但有很多操作是需要几个人一起完成的。在多人操作的过程中，特别需要做好分工合作，如安排谁动手做，谁记录数据，谁汇总结果等。操作完成后要注重交流，在小组内表达自己的观点，使问题讨论更加深入，最终形成统一的认识。这种小组互助式的操作模式，能够很好地培养学生与他人沟通合作的意识，实现资源共享、成果共享。这是提高课堂教学效率及培养团队精神的好途径。如在教学"美丽的轴对称图形"的内容时，教师通过小组合作，在操作实验的基础上，让学生剪轴对称图形、找身边的轴对称图形、创作轴对称图形，从而引导学生掌握这类图形的特征。整个过程和谐高效，学生们体现出了很好的合作意识。

（三）积极操作的关键要素

课堂操作是让学生在动手动脑的过程中探索和学习知识。一般来说，没有固定的教学程序，但它包含以下几个关键要素。

1. 提出问题

操作性教学设计以问题为出发点和主线，教学过程围绕问题展开，最终以解决问题或提出新问题结束教学内容。因此，在实际操作中提出问题是一个非常重要和关键的因素。问题可以由学生独立提出，小组讨论后提出，也可以由教师直接提出。然而，无论怎样提问，问题都应该基于学生想要学习的知识，或者让学生面对真实的问题情境。因此，在允许学生操作之前，教师首先要为学生创设真实的情境，尽量贴近学生的实际生活体验，适合学生的认知规律和心理发展水平，便于学生探究和产生问题。

2. 猜测或假设

操作学习强调身心的统一和手脑的结合。正如陶行知先生对"做"的独到理解："单单劳力、单单劳心都不算是真正之做。真正之做须是在劳力上劳心。"操作学习是一种心智、经验与思维同时进行的活动。因此，当面对问题时，学生会在思想上产生困惑或冲突。为了消除困惑，学生将根据现有知识和生活经验提出猜想或假设，想象各种解决问题的方法，或对问题做出自己的解释，并对解决问题的最终结果做出自己的判断。这是推测和假设的重要要素。教师不应轻易否定学生的猜想和假设，而应鼓励和保护学生提出猜想和假设的积极性。另一方面，要引导学生根据自己的生活经验和知识基础，提出猜想和假设，逐步引导学生形成良好的思维习惯。

3. 制定操作计划

猜想和假设只是根据已知材料、他们自己的生活经验和科学知识对研究问题所作的推测性陈述，或对问题的因果关系和规律性所作的假设性解释。无论这个猜想和假设是真是假，我们都必须拿出客观事实来检验它。如何获得事实依据？这需要实证研究和研究人员制定计划以获取事实。本质上，这一步骤是从操作的角度具体化和程序安排，以便研究人员的"操作"目的明确，行动具有可操作性。

4. 动手操作

动手操作是学生将计划付诸实践的过程。它是学习的核心因素和非常重要的环节。在操作过程中，特别强调学生用自己的大脑和双手体验探究的过程，从而培养学生的学习方法、思维方式、学习态度和科学精神。在此阶段，学生应根据自己的设计选择合适的材料，亲自操作，记录数据、事实和现象，收集证据和相关信息，最后完成操作。在这个过程中，我们必须让学生制作和维护操作的原始记录，培养学生尊重客观事实的科学态度。

5. 解释交流

学生根据操作中获得的事实、数据和现有知识，对所研究的问题进行讨论，通过比较、分析、综合、推理、判断等思维，提出逻辑合理的解释，并与同学进行交流。这样就完成了一个完整的操作学习过程。

　　总的来说，在平时的教学中，要结合教学内容，根据学生的认知需要，精心设计学生操作的活动，认真思考实际操作背后的深刻意义，耐心引导学生在实际操作中观察、理解和思考，从而掌握知识，揭示学习规律。只有通过自己的亲身体验和自我探索，学生的知识才能深深扎根于他们的头脑中。因此，动手操作对于提高教学的教育功能，促进学生核心素养的形成具有深远的影响和现实意义。

第二节　积极操作在课堂的实施

课堂每个环节都可以落实在培养学生积极操作素养上。积极操作的课堂实施可以分成五个步骤:确立目标、情境创设、大胆猜测、计划和实施、展示和评价。

一、确立目标

学生要学什么，怎样学，学得如何。只有明确学生要学什么，才有课堂的教学目标，目标是课堂教学的灵魂，贯穿整堂课的教学。每节课都是围绕该学科的《课程标准》明晰目标的，教师根据教材和学情确立教学目标，其中要全程关注学生的积极操作素养的达成，积极操作是为达到课堂教学目标的一种方法，也即明确积极操作目标。

（一）制定一节课的积极操作目标的依据

首先要明确《课程标准》对本节教学内容的具体要求，才能准确地给这节课的教学目标定位；第二，认真分析教材内容，深刻理解教材的设计意图，弄清学生的认知结构，以及学生的"最近发展区"；第三，梳理出重难点。

（二）制定一节课的积极操作目标的步骤

第一步，分解和选择。分解一节课的教学目标。选择知识点，设计积极操作的目标，包括设计的学习条件（行为条件）、每个知识点的学习行为（行为动词）和学习结果（行为结果）。

第二步，叙写积极操作目标。完整的教学目标的叙写结果，就是清楚本节内容学生学什么、怎么学、学会什么、学得如何等要素，从文中对积极操作目标一目了然。[1]

---

[1] 马光明. 高中数学课堂教学设计中教学目标的有效性初探 [J]. 数学通讯，2012 (24)：7—10.

二、情境创设

学科核心素养实际上就是一种把所学的学科知识和技能迁移到真实生活情境的能力和品格。要养成这种素养，意味着学生的学习应该是在一个又一个基于真实生活情境的主题或项目中通过体验、探究、发现来建构自己的知识，发展自己的能力，养成自己的品格。因此，发展核心素养的学习是人和真实生活情境之间持续而有意义的互动。[①] 积极操作的"积极"是学习态度，让学生主动学，主动操作，需要教师创设一个真实的问题情境。

情境，是引发学习动机的关键，唤起学生追求真理，向往崇高，探索未来的热情。[②] 引起学生积极参与的课堂教学有效性的态度体验，从而帮助学生理解教材，并使学生的核心素养得到发展。

（一）情境创设的选择

教师需要根据学生的生活体验与学科现实（过往知识）创设适当的情境，这种情境不仅应该是真实的，更应该是有价值的。[③]

（1）具有较重要的生活价值。

（2）具有较重要的科学意义。

（3）具有较重要的学科意义。

（4）具有较重要的情感意义。

（二）教学情境的创设

1. 问题情境的创设

学习是从问题开始的，提出问题——分析问题——解决问题，问题是从情境中发现的，而解决问题是以情境为载体的。积极操作是围绕着问题"做"的，通过"做"解决问题，并从中发现与问题相关的各知识之间的联系。

所谓的问题情境应具有三个要求：未知的东西——"目的"；思维动机——"如何达到"；学生的知识能力水平——"觉察到问题"，即关注学生最近发

---

① 陈友芳. 情境设计能力与学科核心素养的养成 [J]. 思想政治课教学，2016（09）：4—6.
② 刘翔. 初中思想品德课教学情境设计的研究 [D]. 沈阳：沈阳师范大学，2012.
③ 张蜀青. 问题驱动的高中数学课堂教学设计理论与实践 [D]. 广州：广州大学，2019.

展区。

问题情境创设的步骤：

（1）分析教材，确定目标；

（2）分析学生，准确把握学生的最近发展区；

（3）分解问题，使各个问题联系紧密；

（4）课堂中及时调控；

（5）做好总结。

案例一：这是一位教师讲《降落伞的探究》一课的教学片段，学生带来很多降落伞，教师让学生站在椅子上尽情地玩，并要求学生一边玩一边观察，注意发现问题。

师：你们有什么与众不同的发现吗？

生：有重物的伞降落速度比较快。

生：绳子短的伞降落速度比较快。

生：有风时降落速度比较快。

生：伞面大的伞降落速度比较慢。

师：你们有什么问题吗？

生：降落伞降落的快慢和重物有什么关系？

生：用什么做伞面降落的速度会慢些？

师：你想知道的是选择什么材料做伞面的问题。

生：降落伞降落的快慢和绳子长短有什么关系？

生：我想知道降落伞有什么作用。

生：我想知道降落伞是谁发明的。

生：如果伞面上打个洞，降落的速度会慢些还是会快些？

生：我想知道降落伞为什么会飞起来。

师：刚才大家提出了许多有趣的科学问题，我想你们主要是想知道降落伞降落的快慢与什么有关，这节课我们就来探究这个问题吧。[1]

案例二：这是一位教师讲《压强》一课的教学片段。教师将一气球置于讲

---

[1] 李杰然. 小学科学课创设问题情境案例浅析［J］. 小学青年教师，2004（12）：35—36.

桌上，让力气小的男生用手掌缓慢压气球，因气球打气不是很足，所以当他的手掌接近桌面时气球也没有破；教师继续让一个力气大的学生试试，气球也没有破。压气球是一个常见现象，气球被压破是学生意料之中的情况，所以他们都在紧张地等待气球被压破的响声，可结果却出乎意料。教师接着问有什么办法可以很容易地把气球压破？一名学生思考后上台演示：只见他用笔尖轻轻一碰气球便破了。紧接着设问为什么。

教师巧妙地把学生的疑问进行总结并引导学生自己解决，这样避免探究时间过长，提高了课堂效率。不难看出，要想创出有效的问题情境必须让学生进行观察，而且要探究的问题接近学生已有知识，也就是处于学生思维的最近发展区，教师在创设问题情境时要注意在学生已有知识和未知知识之间设问，这样利于引导学生自己发现问题，探究问题。

2. 体验活动情境的创设

体验式教学是指根据学生的认知特点和规律，通过创造实际的或重复经历的情境和机会，呈现或再现、还原教学内容，使学生在亲历的过程中理解并建构知识、发展能力、产生情感、生成意义的教学观和教学形式。体验活动情境是文科课堂常用的情境创设形式。

体验活动情境创设的步骤：（1）课前预设充分，精心准备教学教具；（2）保持一个良好的心态，不把生活中的不良情绪带进课堂；（3）通过反馈，及时调整；（4）引导学生体会角色蕴含的情感。

案例三： 这是李吉林老师讲寓言的一个教学片段。（寓言故事，把我们带到一棵大树下，出示大树）树可以画得很奇怪，形成一种发生寓言故事的氛围，乌鸦在大树上做了一个窝，（添上一只窝）大树底下有个洞，狐狸就在这洞里，在洞里贴上一只嘴很尖，尾巴长而大的狐狸。然后交代一句："故事就发生在这儿，故事的主要角色就是狐狸和乌鸦。"然后继续描述，激起学生学习这则寓言的兴趣，学生思维随之进入积极状态。"这一天，乌鸦叼回来一片肉，准备给他的孩子吃，（贴上一只乌鸦，乌鸦画得黑白分明，眼睛傻愣愣地瞪着，样子并不可爱，再贴上一片肉）可是结果却被狐狸吃掉了，这是怎么回事呢？"学生势必要思考：乌鸦站在高高的树上，嘴里的肉怎么会被地上的狐狸吃掉呢？

在学生带着上面的问题，进一步阅读寓言后，教师饶有兴趣地说："刚才同学们自己读了寓言,一定觉得这乌鸦是又可怜又可嫌,而狐狸又可恶又可恨。现在老师来做狐狸,你们来做乌鸦。"话音刚落,孩子们兴奋地拍起手来,教师继续描述。

师:此刻,你叼着一块肉站在树上,狐狸也出来找食了。(演示:狐狸从洞里钻出来,站在树下)

师(狐狸):(笑着,讨好的语气)您好,亲爱的乌鸦!

生(乌鸦):(不做声。)

师(狐狸):(笑着,很关心地加重语气)亲爱的乌鸦,您的孩子好吗?

生(乌鸦):(还是不做声。)

师(狐狸):对乌鸦这么有礼貌,这么恭维,你们这些扮演乌鸦的怎么不做声?

生(笑着回答):因为乌鸦嘴里叼着肉,一开口肉就会掉下去呀!

师:好,现在我继续当狐狸,你们还是站在树上,嘴里叼着那片准备给孩子吃的肉。

师(狐狸):亲爱的乌鸦,您的羽毛真漂亮,麻雀比起您来,就差多了。您的嗓子真好,谁都爱听您的歌,您唱几句吧!

生(乌鸦):哇……

师:你们这些乌鸦,当你一开口,发生了什么你意想不到的事?

生(带着沮丧的情绪回答):没想到一张口,嘴里的肉就掉下去了,眼睁睁地看着狐狸叼走了肉。[①]

在这个教学片段中李老师扮演狐狸,学生们扮演乌鸦。李老师不仅运用语言,而且动作、表情夸张丰富,形象地彰显了寓言故事的特点,使学生体验到乌鸦懊恼的心情。可以想象得出,假如教师仅仅把课文朗读一下,把要掌握的字词写在黑板上,教完之后来一个中心思想总结。那么,课堂气氛会活跃吗?寓言的特点就是通过夸张的语言或动作来揭示道理,学习之后情感上获得体验。通过角色扮演学生体会深刻,收到了很好的效果。运用该策略时注意动作应当

---

① 李吉林. 李吉林与青年教师系列谈——小学语文情境教学 [M]. 江苏:江苏教育出版社,1996:189—191.

与授课内容、课堂气氛以及教学情境协调一致;要有高度的自我意识,所使用的动作语言应该适宜于语言表达的需要,有利于学生身心的健康发展,有利于陶冶学生的高尚情操,要注意杜绝那些不利于课堂教学的情绪和念头,特别要注意剔除举止姿态上的不良习惯的干扰。①

3. 任务驱动

任务驱动指在学习的过程中,学生在教师的帮助下,紧紧围绕一个共同的任务活动中心,在强烈的问题动机的驱动下,通过对学习资源的积极主动应用,进行自主探索和互动协作的学习,并在完成既定任务的同时,引导学生产生一种学习实践活动。② 使学生真正成为学习的主体,教师除了具有辅导者、引导者的身份外,不具备其他任何权威,学生将可能通过计算机网络随时获取帮助,并随时成为"教师"。任务驱动实施过程中,教师可引导学生将任务(教师交给的任务)变为学生自己提出要解决的问题。

任务驱动创设的步骤:

(1) 情境创设——激发问题;

(2) 设计任务——自主探究;

(3) 交流分享——合作学习;

(4) 释疑解难——实践创作;

(5) 展示评价——梳理总结,拓展延伸。

三、大胆猜测

大胆猜测即作出假设,其能力实质是分析问题。在寻找真实的问题及创设合适的情境过程中思辨因素发挥了重要作用,它同时也是个大胆猜测的过程,其中闪现着思想的光芒,从某种意义上说,它比最终的解决问题更重要,创新能力往往来源于此。③ 教师的课堂教学过程就是让学生迸发出思想的火花,能

---

① 靳彦庆. 课堂教学情境创设的有效性探究 [D]. 开封:河南大学,2009.
② 360 百科. 任务驱动教学法 [EB/OL]. https://baike.so.com/doc/6227523-6440846.html,2021-01-23.
③ 张蜀青. 问题驱动的高中数学课堂教学设计理论与实践 [D]. 广州:广州大学,2019.

学会思考问题。

操作要求如下：

（1） 引导学生根据自己的生活经验和知识基础，提出解决问题的猜想和假设；推测探究方向和可能的实验结果。

（2） 头脑风暴。否定学生的猜想和假设，会打击学生提出猜想和假设的积极性。

（3） 教师提供"脚手架"。真正的教育不是教师把苹果摘给学生，不能直接由教师给出结论，而是让学生"跳一跳"去摘，教师为学生提供良好的跳动平台。

四、 计划和实施

计划和实施是学生在课堂积极操作中最核心的环节，是对问题作出假设并求证的过程。

（一） 制定计划

关键点是设计出让学生"如何做"的方案。

1. 探究活动课堂的积极操作计划

在科学探究实验中，制定计划与设计实验方案是探究过程中不可缺少的重要环节。它承上启下，决定着猜想与假设能否得到验证。对制定计划与设计实验方案的要求：

（1）《课标》要求：

① 明确探究目的和已有条件，经历制定计划与设计实验的过程；

② 尝试选择科学探究的方法及所需要的器材；

③ 尝试考虑影响问题的主要因素。有控制变量的初步意识；

④ 认识制定计划与设计实验在科学探究中的作用。[1]

（2） 制定计划与设计实验方案。

从操作的角度把探究猜想与假设具体化、程序化。这个环节具有较强的创

---

[1] 王力平. 如何制定计划与设计实验方案 [J]. 中学生数理化（八年级物理），2016（7）：22—23.

造，并且直接影响着探究的结果。在具体设计实验方案时，学生要注意以下几点：

① 要明确实验目的，设计的方案要与猜想紧密相连。并且能够验证猜想是否正确。

② 要选择合适的研究方法。一般常用的方法有控制变量法、转换法、现象或数据归纳法等。

③ 要根据需要列出实验器材。设计实验步骤和记录表格等。

案例四： 设计实验方案验证猜想"蜡烛燃烧时火焰温度是最高的"时，可设计为把一根火柴迅速平放在火焰中，约1秒钟后取出，看哪一部分最先被烧焦。由于是一根火柴迅速平放在火焰中1秒钟。实际上相当于控制了材料和时间两个变量，同时注意了语言的准确表达，以此确定火焰温度最高的地方。[1]

（3）设计要根据学生的"最近发展区"。

教师要充分理解教材编写意图，对不同年级的教材作全面解读，对于不同年级，制定研究计划的目标应不一样。

案例五： 三、四年级所研究的问题还只要求从总体上进行一个大致的研究，如对动植物的观察。五年级就要对一个大的系列问题中的某一方面进行一些深入的探究。《设计种子发芽实验》，围绕"种子发芽需要哪些条件"这个问题，对种子萌发所需要的条件中的其中一个条件进行探究，突出了"控制变量"这一重点，在"条件"与"方法"上做好文章，使计划真正起到将这一较复杂的实验转化成学生可以操作、探究的活动。要自己定下研究的问题、对象（内容），根据自己已有的经验进行猜测，再根据猜测设计自己研究所需要的材料、工具和研究的步骤，步骤还要求要有科学性，最后还要设计好记录的形式，以便研究后进行分析总结。[2]

2. 体验式课堂的积极操作设计

体验式课堂可分为：实践体验（指主体在实践上亲身经历某件事并获得相应的认识和情感）；心理体验（指主体从心理上对自己或他人的"亲身经历"进

---

[1] 王力平. 如何制定计划与设计实验方案 [J]. 中学生数理化（八年级物理），2016（7）：22—23.
[2] 王平中. 重视科学探究环节学生"制定研究计划"能力的培养 [EB/OL]. http：//blog. sina. com. cn/s/blog_49227e66010002ha. html，2006-04-10/2021-01-23.

行体验）。

体验式课堂设计策略：

（1）情境性体验，游戏、角色扮演是体验式课堂常用操作，属于心理体验。

（2）情感性体验，朗诵时加入画面、音乐的渲染等。

（3）活动式体验：①设计动手活动，观察、触摸乃至操作实物；②启发创造性活动，例如，小实验、小发明、小制作、小游戏；读书报告会、辩论会、科幻画等等。[①]

3. 积极操作方式多样化

不同类型的动手做，承载的活动目的也不一样，教师一定要充分理解教材，研究学生，确立最契合的教学目标，让活动目的最大化。张丽对所在教学团队的 37 个小学数学教学"动手做"进行了分类：

（1）游戏型——引导学生在有趣的游戏中体会相关数学知识，或者进行相关数学技能练习，动脑、动手、动眼、动口，学习与同伴合作交流。

（2）方案型——引导学生根据问题的要求创造性地进行设计，与同伴交流各自的设计思路和方案，取长补短，体会方案可以优化完善。

（3）操作型——引导学生测量长度、面积，拼摆图形，活跃形象思维，发展空间观念，提高动手能力。

（4）统计型——引导学生运用统计的思想，通过测量、实验、调查获取信息，经过分类、比较、整理信息，得出数据，利用数据进行判断、推理，回答问题。[②]

（二）实施

1. 从组织形式分

（1）个人独立操作。

组织操作要素：

① 教师问题驱动，要设计好"问题链"；

[①] 杨秀萍. 体验式教学实施策略的分析与思考［J］. 内蒙古教育，2010（02）：13—14.
[②] 张丽. 动手做——儿童"深度学习"有效路径探讨［J］. 读写算，2021（21）：202—204.

② 教师适时给学生提供指导，点拨关键还是让学生自悟；

③ 学生展示成果；

④ 评价。

（2）团队合作操作。

组织操作要素：

① 合理分组：比较难的和复杂的操作按异质分组（组间同质、组内异质）原则、简单的操作应以就近分组（座位）原则；

② 分工明确：制定角色，团队队长、记录员、表达的队员等等，一定要让每个队员都有事做；

③ 合作操作：明确问题、制定方案、明确分工、实施操作；

④ 成果展示：团队发言人表述；

⑤ 积极评价：建立可操作性的、积极的评价制度；

⑥ 教师适时暗示、点拨和课堂管理。

2. 学生操作过程的要素

（1）操作和收集证据：

① 懂得操作的方法和程序；

② 会使用工具，如实验仪器等；

③ 运用科学方法的能力：观察能力、收集和评价资料能力、收集记录数据能力等；

④ 具有安全意识。

（2）分析和论证：

① 分析数据：描述、比对数据和现象；

② 推理能力：进行因果推理，通过对数据和现象描述和解释，得出结论；

③ 归纳能力：通过操作的数据和现象，归纳出科学规律。

（3）成果交流：

① 成果呈现：能准确表达自己的观点，如写探究报告等；

② 有坚持自我和尊重他人的意识；

③ 有团队合作精神。

（4）反思：

① 反思操作过程、结果、猜想和结论的意识；
② 虚心接受意见并改进操作的胸怀；
③ 对操作中出现的新问题有继续探究的欲望。

五、 提供积极操作的展示平台

展示是对课堂学习的小结，是生生、师生交流的机会，是学生自我表现和赏识别人的重要平台。

（一） 展示表达的方式

展示形式多样化，根据学生积极操作的主题、类型、内容、成果和活动的目标选择不同的展示方式。

（1） 语言表演类：朗诵、歌唱、演讲、表演、辩论等等；

（2） 作业类：作业、思维导图、笔记等等；

（3） 制作类：模型、标本、制作品、画作、海报等等；

（4） 探究活动类：实验报告、数据收集、操作演示等等；

（5） 参与社会类：调查报告、资料收集（PPT、摄影、视频）等等。

（二） 搭建平台的要求

1. 展示要与学生的认知能力水平相符

首先，学生表达要体现学生当时的水平，表达简明扼要，让同学们能明白；其次，学生表达要投其所好，表达己之长，优点；第三，不求高大全，学生的某个环节或片断表现优秀的，皆可展示。

2. 展示要与课堂活动实际相符

学生的成果首先是真情流露、对活动的真实反映；其次，要尊重事实，求真是科学品质，重过程，结果出现问题是正常的，通过反思、找出不足，也可让问题成为下一个探究的方向。

3. 展示要与课堂的硬件相符

不同的条件也可找合适的展示方式。

六、注重积极操作的评价

评价要关注学生知识技能的掌握,还要关注学生的学习态度、方法和习惯,更要关注学生学科核心素养水平的达成。不同的教学目标有不同的教学评价。

根据评价主体分:①学生自评;②学生互评;③教师评价;④信息技术评价等。

从理念上看,评价具有反馈与纠正功能,评价服务于教师的教学和学生的学习以及学科核心素养的形成。评价方式多样,其中表现性评价代表了这一新的评价理念。[1]

表现性评价的要素:评价内容综合化,评价主体多元化,关注发展过程,课堂教学评价语言具体化,能对学生核心素养所做的判断。

表现性评价的观点[2]:

① 强调评价任务所涉及的问题情境具备一定真实性(或对真实情境进行一定的模拟);

② 强调评价任务的复杂性;

③ 强调评价任务的创新性;

④ 依据一定的评价标准,评价量表设计;

⑤ 注重对创新能力及其他多种复杂能力的评价(评价各方面的综合能力);

⑥ 评价注重学生完成任务的具体过程和表现(既评价过程,又评价结果);

⑦ 评价关注学生的知识技能、能力水平以及情感态度;

⑧ 评价关注学生在活动过程中体现出的发展与变化;

⑨ 评价语言要具体和丰富,让学生明晰评价标准,感受到评价的温暖

等等。

---

[1] 林艳芳. 道德与法治表现性评价的课例分析 [J]. 新教师,2021(10):85—86.
[2] 陆颖俐,马文杰. 数学表现性评价:内涵、意义与运用策略 [J]. 中学数学教学参考,2021,(9):10—13.

第三节　案例分析

积极操作是课堂核心素养之一，是课堂里学生应形成的必备品格和关键能力。让学生在课堂里动手操作，让学生在做中学，做中悟，在操作中获得的图像和表征及时促使他们进行分析、综合、比较、抽象、总结，帮助学生深刻理解抽象的学科知识，激发学生的思维创造能力，从而发展学生的核心素养。下面以人民教育出版社义务教育教科书小学《数学》五年级上册《梯形的面积》为例加以分析。

一、案例简介

（一）教学内容

人民教育出版社义务教育教科书小学《数学》五年级上册《6 多边形的面积》第三小节《梯形的面积》（第 95—96 页）。

（二）教材简析

本节是在学生掌握梯形特征，学会平行四边形、三角形面积的计算，并形成一定空间观念的基础上进行教学的。因此，教材的编排不同于平行四边形和三角形，没有安排用数方格的方法求梯形的面积，而是直接用插图给出了转化的操作过程，同时继续渗透旋转和平移的思想，以便于学生理解，引导学生自己来总结梯形面积的计算公式，通过概括总结，提高学生的思维水平。进而再利用字母表述出新学的计算公式，以提高学生的抽象概括能力。最后通过例题进一步说明怎样应用梯形面积的计算公式来解决实际问题，并进行相应的练习。

（三）教学目标

（1）在理解的基础上掌握梯形面积计算公式的推导，并能运用公式正确计算梯形的面积。

（2）掌握"转化"的思想和方法，进一步明白事物之间是相互联系，可以转化的。

（3）通过学习梯形面积公式掌握解决实际生活中的问题的能力。

（四）教学重难点

（1）教学重点：探索并掌握梯形面积计算公式。

（2）教学难点：理解梯形面积公式的推导过程。

（五）一般化课堂教学主要实施过程

（1）教师问学生：平行四边形、三角形的面积公式是什么？它们的面积公式是怎样推导得到的？学生回答后，让学生操作演示转化的方法。

（2）出示梯形，让学生说出它的上底、下底各是多少厘米，并画出它的高。

（3）教师问：我们已经学会了长方形、正方形、平行四边形、三角形的面积计算方法，生活中还有很多物体面的形状是梯形，如汽车挡风玻璃就是梯形的，那梯形的面积又该如何计算呢？我们已学会了用转化的方法推导三角形面积的计算公式，那怎样计算梯形的面积呢？

（4）教师再问：你能仿照求三角形面积计算公式的推导办法，把梯形也转化成已学过的图形计算出它的面积吗？

（5）学生拿出两个完全一样的梯形，拼一拼，教师巡回观察指导。大多数学生可以将两个完全一样的梯形拼成平行四边形。

（6）教师问这个平行四边形的底和高与梯形的底和高有什么关系。

（7）师生共同总结梯形面积的计算公式。板书：梯形的面积＝（上底＋下底）×高÷2

（8）完成课内练习。

二、上述教学案例效果分析

上述常见课堂教学主要实施过程，看似教师完成了教学目标，让学生从平行四边形、三角形的面积的推导过程，了解了梯形面积公式的推导过程。但实际效果是学生参与度不高，当堂能够记住，但对知识理解不够深刻，掌握不够牢固。究其原因，主要是没有充分调动每一个学生参与学习，没有让学生充分自主探究、积极动手操作，导致教学效果不理想。故我们用积极操作的理念对该教学过程进行了改进。

三、改进后课堂教学主要实施过程及分析

（1）师：同学们，我们在学习平行四边形和三角形面积的计算时，学到一种非常重要的学习方法，还记得是什么方法吗？谁来说说平行四边形和三角形的面积是怎样推导出来的？根据学生所述，教师用多媒体课件演示平行四边形和三角形面积公式的推导过程。

分析：分析学生学情，准确地把握学生的最近发展区。本节知识之前，学生已经学会平行四边形、三角形面积的计算，并形成一定空间观念的基础，而梯形面积的计算公式需要通过将梯形转化为三角形和平行四边形来获得，采用多媒体演示，直观地再现平行四边形和三角形面积公式的推导过程，吸引了学生的注意力。与此同时，唤起学生的回忆，沟通了新旧知识的联系，为新知识迁移做好准备。

（2）教师展示学生电脑房的梯形桌面照片，问桌面是什么形状？现在学校发现有学生在学校电脑桌上面乱涂乱画，为了保护电脑桌面，要给电脑桌面贴防护膜，电脑室共有48张电脑桌，学校需要购买多大面积的防护膜？

分析：学习是从问题开始的，提出问题——分析问题——解决问题，问题是从情境中发现的，而解决问题是以情境为载体的。积极操作是围绕着问题"做"的，通过"做"解决问题，并从中发现与问题相关的各知识之间的联系。故用学生身边的例子，来设置情境问题，数学知识与学生生活实际相联系，使学生容易感受、体会到数学知识的实际意义及其用处。所以，从学生的生活经验出发，呈现梯形的实际情境，让学生感受计算梯形面积的必要性，激发学生学习兴趣，调动学生学习参与积极性。

（3）教师说他下课的时候去电脑室量了电脑桌面的上底、下底各是多少厘米，并量了它的高，现在大家猜猜看，电脑桌面的面积跟上底、下底、高有什么联系？在我们的生活中有很多这样的梯形需要我们计算它们的面积，但是梯形面积的计算方法我们还没有学过，你猜想梯形的面积可能与什么有关？你想怎样推导出梯形面积的计算方法呢？

学生回答各种方式，教师进行随机评价。学生可能会根据已有的知识经验判断梯形的面积可能与它的上底、下底和高有关，并猜想推导梯形的面积计算公式要把它转化成一个已经学过的图形，学生可能会说出平行四边形、长方形甚至是三角形。

学生都有了推导公式的初步想法，不管转化成什么图形，总的思路都是把梯形转化成学过的图形，找到图形间的联系，推导出梯形的面积公式。任何猜想都要经过验证，才能确定是否正确。那你想不想马上动手试一试呢？

分析： 设置猜测或假设问题，教师提供"脚手架"，真正的教育不是教师把苹果摘给学生，不能直接由教师给出结论，而是让学生"跳一跳"去摘，教师为学生提供良好的跳动平台。

（4）教师把学生进行异质分组，并给每组提供剪刀、三角尺、几个相等梯形等教具，让学生带着问题进行操作和探究。①先独立思考能把它转化成已学过的什么图形，再按照"转化——找联系——推导公式"的思路来研究；②把你的方法与小组成员进行交流，制定动手操作计划，并由小组长进行组内分工，共同验证，得出梯形面积计算公式；③选择合适的方法交流汇报。我们比一比，哪个小组想到的方法多，动作快。

教师巡堂，对动作较慢的小组进行适当的指导。

分析： 设置好目标问题，那就是要得出梯形面积计算公式，让各组学生围绕明确的目标问题进行操作，尽量让学生的操作行动具有可操作性和目的性。还有教师让学生先独立思考，每个学生对问题有了自己个性化的认识后，再引导学生进行合作交流。让学生在观察、比较、判断、交流、反思等活动中自己实现知识的意义生成和构建，学生有了对知识的初步构建之后，再根据目标问题来制定可行的操作计划，并进行分工，让每个学生都能充分参与，最后学生进行实际操作，既保证了探究操作的有效性，又培养了学生的学习方法、思维方式，逐步形成良好的学习态度和科学精神。

（5）教师挑选有代表性的小组进行汇报展示，让学生演示梯形面积计算公式的推导过程。教师利用多媒体课件和电子白板帮助学生演示"拼组、割补和添补"图形的变化过程，并及时引导学生点评、互评，教师进行最后总结点题，三角形、梯形都是转化为平行四边形，转化为矩形来进行面积计算的。

分析: 提供展示汇报平台,让积极参与过实操的学生对不同的方法、不同的推导过程有了全面的了解,在教师的引导下,得出三角形、平行四边形、梯形面积计算公式推导过程的内在规律,对知识的内在规律的把握更加深刻,更加持久,教师的教为主导的课堂转变为学生自主的探究为主体的课堂。

(6) 课堂巩固练习。如计算电脑室桌面保护膜总面积等。

四、经积极操作理念改进的课堂的启示

(一)用积极操作理念改进之后,梯形的面积这节课的课堂呈现了以下几个特点

1. 体现了"以学生发展为本"的课堂教学理念

学生已有了平行四边形、三角形面积计算公式推导方法的经验,本节课在思路上淡化教师教的痕迹,突出了学生学的过程。为学生创设了一种"猜想"的学习情境,先让学生大胆猜想,进而是实践检验。"猜想"成为学生自身的需要,使运用科学探究的方法进行探究学习成为可能。

2. 以活动为主线,以"动"促"思"

本节课力求让学生自己去发现和概括梯形的面积公式,在探究的过程中发展学生思维的创造性。为了达到这一目的,让学生动手操作,分组合作探究,初步概括出梯形的面积公式。这样,通过"拼、剪、割、补"的活动过程,让学生在活动中发现、活动中体验、活动中发散、活动中发展。同时,又由于各项活动的设计环环相扣、步步深入,不仅激发了学生探索学习的兴趣,同时学生思维的深度和广度也得到了有效的培养。

3. 使学生的自主探索在"时空"上得到保证

一系列的教学设计充分体现学生的主体意识,用眼看、用手做、用耳听、用嘴说、用脑想,让每一位学生都在亲自实践中认识理解新知。而教师则体现指导者、参与者、助学者的作用。当学生受现有知识的制约,推导概括公式思维停滞时,教师实施点拨诱导,促其思维顺畅、变通,最后使学生明确,尽管剪拼的方法不同,但都达到了"殊途同归"之效,即从不同的思维角度验证了梯形的面积公式。将发散与收敛、直觉与逻辑这种对立统一的思维方式有机地

融为主体动态式的思维结构。

（二）一般化课堂与积极操作课堂的对比

表7-1　一般化课堂与积极操作课堂的对比

教学视角	一般化课堂	积极操作课堂
教学理念	以教材为中心，以课堂为中心，以教师为中心	以学生为中心，以工具及环境支持的实操学习
认知过程	课中以知识传递为主，课后知识内化	课中内化，课后强化
课堂内容	知识的讲解传授	问题探究、重难点突破
教学形式	先教后学、教师导学	先学后教、以学定教
技术支持	多媒体教学为主	多媒体教学、实操性学习资源、有意义的学习环境

综上所述，在平时的教学中，要结合教学的内容，根据学生认知和发展需要，精心设计学生操作活动，才能让学生学习主体作用真正发挥，才能让教师的课堂变得更加高效，学生的积极操作素养得到发展。

第八章

总结建构

学生在课堂学习中获取的知识、方法和策略，不应当是零散的，而应该是系统的。所以，课堂学习不能只满足于解决一个一个的知识点，而要把零散的知识概括、归纳、总结，建立知识体系，同时也要将学习的方法和策略形成体系。课堂里的总结建构的权利不能把握在教师的手里，而应放手给学生，只有学生能够总结建构，才有课堂的真正价值。总结建构是学生在课堂里应形成的核心素养。

在课堂教学中，学生经历了自主学习、独立思考、提出问题、合作分享、质疑探究、感悟与操作等一系列活动，所获取的不应是零零散散的知识，而应建立起知识之间的联系，必须对一堂课的内容进行总结和归纳，这就是总结和建构。总结和建构，不仅仅是教学的一个必不可少环节，更是学生在课堂里应该形成的素养。

第一节 总结建构的基本内涵

许多教师在一堂课的主要学习活动结束后都是直接把知识结构图通过 PPT 展示给学生，就算是这堂课的总结了。如果这样结束一堂课，学生对本节课的内容还是模糊的。总结不应当只是教师的事情，主要还是学生的事情，应让学生自己建构知识体系，知识之间的逻辑关系应清楚明白，要动手画出知识结构图。只有结构化的知识，才是牢固的；只有将知识结构化，才真正理解知识。总结和建构是学生学习的一个关键能力，也是良好的学习习惯。所以，总结建构也是学生在课堂里需要形成的核心素养。学生课堂场域下如何去实施总结建构？这里归纳为以下三点：一是对课堂知识体系的总结建构，二是对课堂学习方法的总结建构，三是对课堂学习策略的总结建构。下面分别从这三个角度予以阐述。

一、对课堂知识体系的总结建构

如何在课堂上构建学生的知识体系？建构主义学习观指出，"学生学习的过程实际是学生积极主动建构的过程"，在这一过程中，学生用自己习惯的方式学习新的知识时，需要对新知识进行加工、进行新旧知识的链接与改造才能吸收。所以实现学生自主认知学习，为学生构建一个主动获取知识、总结知识、构建知识的核心素养，已成为新时代学生课堂学习的关键。那么课堂知识体系如何总结建构？从学生的课堂行为的角度看，要形成结构化的认识，只有当学科的知识结构转化为学生的知识结构，才能使外部逻辑转化为内部逻辑，所以在课堂教学中让学生制作知识结构图是一个不错的选择，通过制作知识结构图，将分散的知识点重新排序、编码，使课堂知识理论化、系统化、结构化，那如何制作知识结构图成为学生课堂总结建构的关键。从教师层面看，教师要了解所教学科的知识结构，在课堂上引导学生认识和构建认知结构，将新知识与认知结构相关联，始终让新旧知识之间的链接得到有效的总结建构，从而不断完善和丰富新的认知结构。

首先，学生要做好知识准备，要养成做笔记的习惯，形成整理笔记的意识，做好课堂学习注意力的分配，熟悉与新课有关的知识，为知识结构图的形成奠定基础。其次，教师要给时间让学生建构，在学习过程中主动科学地构建自己的认知结构。课堂教学结束以后，学生都应该有有效复习的意识，通过"总结建构"的方式，有意识地思考每个知识点之间的相关性，通过"删减、补充、整合"的方式，用"图标"的形式整理所学的"知识点"，最终形成每节课的"知识结构图"。再次，做好每章"知识结构图"的总结建构。"每章知识结构图"的总结搭建要依赖于"每节知识结构图"，学生可以通过分析、整理、联想、整合，通过小组合作、分组讨论、手工制作，最后形成完善的"每章知识结构图"。通过总结建构"知识结构图"在学生大脑皮层中建构比较完整的认知体系，从而实现由"知识点"到"知识面"，由"知识面"到"知识网"的结构化建构。

让学生展示总结建构的成果。总结建构的另一重要特点在于它要求在课堂中为每一位学生提供展示机会，即教师在每节课上必须为学生提供展示机会，并且就学生在完成任务等方面所做的努力做出"鼓励性评价"，展示时教师要根据学生的表现适时追问、提醒、点拨、启发和引导，同时展示的方式可以多样化，展示过程中可以结合口头表达、角色扮演等方式。通过总结建构成果的展示，让每个层面的学生都获得展示的机会，避免"优等生"唱独角戏，其他学生"受冷落"的问题，激发学生的学习动机和荣誉动机，让学生在总结建构的过程中体验到获得感与成功感。

二、对课堂学习方法的总结建构

学生的学习方法是如何形成的？学习方法与知识掌握的效率息息相关，不同的学习方法，学习效果就会不同，这就需要对课堂学习方法进行总结建构，以提高学生的学习效率。有五种常见的学习方法总结建构方式，具体如下：

一是理解记忆法。理解记忆是常见的学习方法，也是学生们比较常用的学习方法。建构主义的学习观强调"学习是新旧知识之间的建构过程，就是要在理解的基础上进行有意义的识记"，这就有别于传统的"机械识记"，即通过理解构建新旧知识体系，从而实现对新旧知识的总结建构。

二是提纲挈领法。正所谓"举一纲而万目张"，不得要领、言不及义，这就说明学习方法中把握"纲"的重要性，这里的"纲"便是"脉络"，把握了"脉络"就找到了知识总结建构的"核心"。

三是求同存异法。求同存异是一种重要的学习方法和思维方式，求同存异也是知识体系搭建的基础，求同存异法是指学生在学习的过程中关键是要把握知识的"同"与"异"，把握了知识的"同"与"异"，也就把握了知识建构的关键。

四是关联联想法。关联是最常用的联想方法，学习过程中只要把握住这些"关联"词，弄清它们表示的关系，由此及彼，把握联系，找到知识的"相似性"，通过关联联想有助于我们将新、旧知识联系起来，增强知识的凝聚力，就能够很好地实现知识的总结建构。

五是图表法。图表是一种直观的简化的可视化知识呈现与表达方式，学生较为常用的图表比如思维导图、瀑布图、关系图、雷达图、树图等，图表容易使得课堂所学"知识关系"形象化，从而有利于学生直观地将所学的知识进行积极建构，内化生成新的知识，是学生课堂学习总结建构的重要方式。上述五种学习方法的总结建构，简单而高效，学生学会了学习方法的"总结建构"这项核心素养，必然会优化学习进程，大幅度提高课堂学习效率。

三、对课堂学习策略的总结建构

课堂将来自不同背景、不同个性和不同能力的学生聚集在一起，形成了一个纷繁、复杂、多元的学习场域，因此，课堂教学要想取得成效就需要对学生实施多元化、行之有效的学习策略，以满足不同学生的个性化需求，为此，就需对常见的课堂学习策略进行总结建构，现归纳为以下七点：

一是基于自主行为管理的学习策略。课堂教学中学生必须要关注自我的行为管理，以减少不良行为对课堂学习的干扰，增强课堂场域下学生学习的成效，所以说实施有效的自主行为管理学习策略对知识的总结与建构提供了前提和保障。

二是基于可视化的学习策略。通过可视化的视觉体验和实践学习体验把学科概念变为现实情境，有别于传统"静态化"的学习策略，帮助促进学生了解静态化学科如何应用于现实生活，常见的可视化学习策略其实是十分丰富的，主要包括学科概念图、学科思维导图、学科解题鱼骨刺图、逻辑关系框架图、知识模型图等，基于可视化的学习策略让传统乏味的课堂学习变得形象、生动、有趣。

三是基于合作探究的学习策略。合作探究学习策略，主要以小组活动作为基本单位，从学生的主体性出发，以学习过程中的"合作、探究"作为核心素养来建构学习策略，重点在于把握成员在学习过程中通过"分工协作、合作探究"形成的目标达成度，并以"合作、探究"的整体效果作为学习评价的主要指标，通过合作探究学习策略，学生可以在"做中学"，学生的主体性、积极性和能动性都能得到充分的发挥和展现，有利于知识体系的总结与建构。

四是基于问题导向的学习策略。在合作探究的学习策略使用过程中，必然会涉及到问题和问题解决，就形成了当前比较重要的基于问题导向的课堂学习策略，"问题导向"的学习策略的本质就是学习过程是基于问题解决的过程，让学生关注问题、聚焦问题，形成分析问题与解决问题的实际能力，以"问题"为焦点进行总结建构。

五是基于差异化的学习策略。基于差异的学习策略是基于学生对课堂的接受度而言，课堂学习要基于学生的个人能力，主要通过学生前置性学习、分层次学习任务、差异化学习作业的方式，对学生的差异化学习进行总结建构，确保不让一个学生落后的学习目标，基于差异化学习策略的总结建构，能够让具有较高能力的学生得到提升，而那些正在课堂边缘挣扎的学生也得到适当的支持。

六是基于生活的学习策略。生活即教育，教育即生活，基于生活的学习策略，要求学生学习的过程中要加强与现实生活的联系，学习要关照现实生活，通过学习活动直接或间接地反映学生的"生活世界"或通过对"生活的模拟"来进行有效学习，基于生活的学习策略，不仅能够实现学生知识的总结建构，还有利于学生生活能力的培养和个性的发展。

七是基于技术的学习策略。将技术融入课堂学习是新时代课堂学习策略的必然趋势，信息技术在课堂学习中的地位也日益凸显，基于技术的课堂学习，本质是把学生的目光转移到确实能解决实际问题的核心技术和思维品质上，当课堂学习与信息技术相融合时，比如常见的移动设备（如平板电脑），可以让学生养成对信息的高度敏感度和判断力，学生学习的互动性和体验性就会大大增强，学生学习的创新性也会大幅度提升，能够进一步提升优化学生课堂学习的总结建构。所以改变传统课堂学习策略不仅可以提高学生总结建构的能力，也进一步改变了学生"学的方式"，甚至会进一步改变教师"教的方式"。

第二节　总结建构在课堂的实施

课堂教学总结是完整课堂教学的重要组成部分，是保障课堂教学质量的重要一环。高质量的课堂总结建构通过归纳总结、问题梳理、引导启思等方式概括课堂教学主要内容、学习策略与方法等，进一步升华课堂教学，起到画龙点睛、加强整体理解、延伸思考、激发深度思维的作用。课堂教学总结建构是衡量课堂教学质量和评价教师教学水平高低的重要指标。

一、课堂教学总结建构存在的主要问题

在教学实践中，一般来讲，授课教师都非常重视完整的教学环节设计，从教学导入、新课讲授、总结归纳、作业布置等方面力求面面俱到，在备课中对素材选择、情境优化、活动设计、重难点突破等下足功夫，在课堂中留足时间、展现充分。但是在大多数授课操作中，授课教师有引人入胜的导入，有丰富充实、细致入微的讲解，却缺乏充分有力的总结。即使预先设计了教学总结这一环节，但在实际操作中，常常出现时间安排不够充分、课堂教学前松后紧、课堂教学总结可有可无，或者草草收场，虎头蛇尾。在总结建构的主体上，教师喧宾夺主，代替包办，忽略学生学习主体地位和作用的发挥。同时，在呈现方式上，课堂教学总结就是授课教师对一节课的主要内容通过板书做简单的重复和简要概括，总结教学重点，缺乏与学生的互动交流，这种课堂教学总结模式固化，内容单一，缺乏创新，难以引起学生兴趣，更不能从总结中发现问题以便后续教学的推进。

二、课堂教学总结建构的优化

课堂教学总结是对一节课所讲授的知识和能力发展进行归纳整理、强化和升华，使所授知识和能力训练有效纳入学生的知识与能力结构中，使学生形成完整的认知结构，增强学生的学习兴趣，培养学生正确的世界观、人生观和价

值观的教学行为方式。课堂教学总结建构能展现教师对课堂教学的完整全面的把握，能引导学生对整堂课学习内容的理解，加强对重点学习内容的深化，促进课堂学习内容的升华。课堂教学总结建构也是教师教学能力的重要体现。因此，必须优化课堂教学总结建构。

（一）课堂教学总结建构的主体

我们一直讲课堂教学的主体是学生，在课堂教学中要还权于学生。但在实际教学中，因为课堂教学时间有限，学生水平参差，可能无法达到教师预设的效果，所以，在总结建构过程中，大多数情况是教师代替包办，学生缺乏参与感，这也导致课堂教学总结流于形式，缺乏实效。要改变这一现状，教师必须认识到总结建构对学生能力发展的重要性。学生作为课堂教学总结的主体参与课堂教学总结，不仅能让学生自主思考，全面总结课堂所学知识、能力训练重点、学习方法总结，还能通过总结提高学生的语言组织能力，促进学生逻辑思维能力的培养。有效的课堂教学总结，还能让学生始终保持课堂学习的热情，使学生始终保持积极的思维状态。课堂教学总结往往接近一节课学习的尾声，临下课前，学生注意力分散，思维不集中，大脑处于相对疲倦状态，在这种情况下，如教师能调动学生主体作用，启发学生思考，能使学生始终保持学习热情和学习专注度。

当然，我们强调课堂总结的主体是学生，并非弱化教师作用。在整个学习过程中，教师始终是学习的参与者和支持者、问题的发现者和追问者、启发思考的引领者和引导者、学生深度思维的促进者和推动者。因此，教师需要对课堂教学总结精心设计，精准到位，契合教学需要，首尾呼应，承上启下，启发思维，为后续深入学习服务。

（二）课堂教学总结建构的内容

一堂好课，不仅具有完备的知识体系，还需要有思维方法的引领，学习策略的指导。因此，课堂教学总结建构的内容理应包括完整的知识体系的总结、思维方法的总结与学习策略的总结。但是，不同的课型与教学内容对以上三个方面的总结建构又是有所不同的。我们常见的课型有：新授课、复习课、试题分析与讲评课。

1. 新授课的总结建构

新授课，突出"新"，教学新内容、新知识、新方法、获得新能力，进而达到新的学习层次。在教学过程中，新授课一般占到总课时数的70%左右。学生在课堂学习中获取新知识、掌握新技能、获得新思维，主要通过新授课，新授课的质量在某种程度上决定了学生的学习质量。由于"新"，一节课时间有限，在有限的时间里，如何让学生准确把握主要内容、掌握学习线索、把握知识逻辑关联，总结建构显得尤为重要。总结犹如一根绳子，将课堂教学知识点串联起来，让学生将零散的知识形成初步体系，同时，让学生明确在一节新授课中，应着重掌握的知识点是什么。因此，对于新授课，总结的内容应明确这节课的主要内容、每个知识点之间的内在关联、要掌握的重点是什么、要注意的难点或容易混淆的知识点是什么。

如在讲授普通高中《思想政治》必修三《政治与法治》第五课《我国的根本政治制度》一课中，对教学内容进行总结建构。如何引导学生将所学的零散的知识点串联起来，明确其中的知识关联形成知识体系（如下图）。

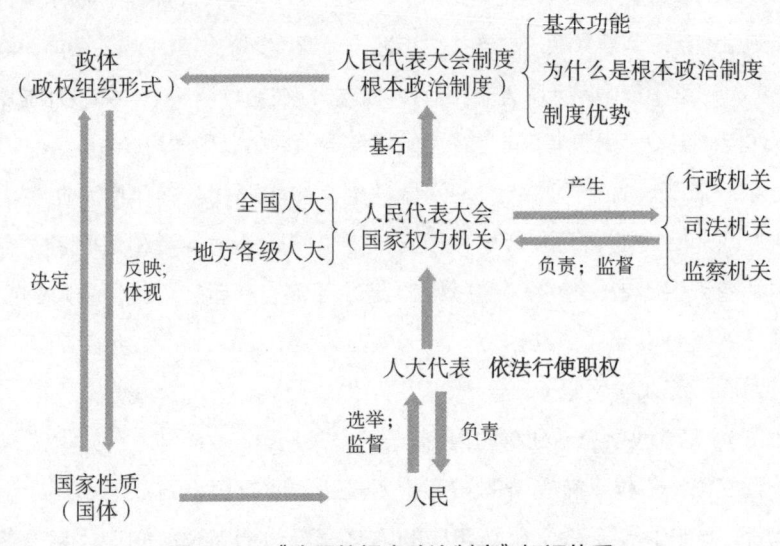

图 8-1 《我国的根本政治制度》知识体系

在教学总结建构时，从起点国家性质开始，明确我国的国家性质是人民当家作主的社会主义国家，人民是国家的主人。人民如何实现当家作主的权力？通过选举产生人大代表代表人民行使国家权力，由人大代表组成各级人民代表大会即我国国家权力机关，在人民代表大会的体系中包括全国人民代表大会和地方各级人民代表大会，以人民代表大会为核心，形成我国的根本政治制度人民代表大会制度。这是对整节课知识点的串接。

在知识串联之外，还需要明确学习的重点难点。重点一是人大代表如何代表人民行使职权，重点二是人民代表大会与其他国家机关的关系，重点三是人民代表大会制度为什么是我国的根本政治制度。难点一是国家性质是如何决定政权组织形式的，难点二是人大代表与人民代表大会职权的区分等。

在思维方法的总结上，应注重对比分析。如对比国体与政体，明确二者的关系；对比人大代表与人民代表大会的职权；对比人民代表大会与其他国家机关。

在学习策略总结上，需要引导学生试着对所学新知进行复述，厘清知识关联，通过图表、思维导图等，基于自己的理解建构知识体系，同时能寻找相关案例、时政事件等来说明相关原理和知识点。这种学习策略指导是更高层次的思维引领。

总之，在新授课的总结建构上，应精心设计，落实到位，以学生为主体，发挥教师指导作用，引导学生整体把握，重点突出，思路清晰，构建具体框架，重视学习方法与学习策略的指导。

2. 复习课的总结建构

复习课是在一个学习阶段之后，对某阶段或某个范围的学习内容进行系统回顾归纳的教学活动。复习课对学生系统掌握知识，发展思维能力极为重要。复习课不是对既学知识的简单重复，不是顺次复习，重复旧知，复习课不能主次不分，堆列知识。

复习课的重点在于对基本概念、主干知识、重点原理的复习，在于对原则规则、方法步骤、基本规律的总结概括。前者强调记忆与理解，完善知识结构，后者更强调运用，解决实际问题，提高基本技能。因此复习课的最终目的在于发展和提高学生运用知识、解决问题的能力。

复习课是一个学习阶段的回顾与反思，因此，教师引导学生主动进行复习总结建构尤为重要，教师切忌剥夺学生的反思总结机会与能力发展机会。同时，复习必须在原有学习基础上实现知识系统化和能力提升发展，学生通过复习总结对所学知识有新的认识与收获。

复习过程是一个信息交流过程，因此在复习课的总结建构中，学生是主体，复习内容与教材是客体，教师起着沟通学生与教材的作用。在实际教学中，复习中的总结建构往往是教师制作系统的知识结构图，学生填写空格，教师讲解一遍，完成任务。这样的复习建构，学生没有思维参与，复习之后仍不能建立属于自己的知识体系，复习效果远离预期。因此，在复习课的总结建构中，由学生选择自己的方式，呈现复习内容，标注重难点是更好的选择。当然，由于每个学生的理解能力和思维的差异，总结建构的结果呈现出多样性和差异化，这无疑给教师带来极大的挑战，也提出了更高的要求。教师必须根据学生的总结建构，逐一审读，发现他们的思维特点与系统建构，找出知识盲点、知识关联欠缺点等。在复习课的总结建构中，教师需要展示学生的知识建构，指出思维特点，发现学习点，引发思维点，点燃碰撞点，最终实现在复习建构中共同提升。

3. 试题分析与讲评课的总结建构

在学习过程中，学生会经历无数次的测验考试，对考后的试题分析与讲评能帮助师生共同分析一个学习阶段中的得失。因此试题分析与讲评课的总结建构能够帮助师生分析得失，找准问题，找到方向。在实际教学中，绝大多数试题分析与讲评课停留在就题讲题的层面，缺乏对试题的整体反思。因此，试题分析与讲评的总结重点应集中在题型特点、考察要求、解题思维方法上。通过总结能够让学生明确某一类试题的考查特点、设问方式、解题思路、解题规律等。在总结中，比较容易忽略的问题是归因分析。因此，在试题分析与讲评中，教师还需要引导学生思考为什么会出现问题，对出现的问题进行分类整理，从根本上寻找"病根"，从而对症下药，积极对待问题。

（三）课堂教学总结建构的方法与呈现形式

课堂教学总结建构的方法选择与呈现方式是一种艺术性的选择，也具有个体差异。但不管选择什么样的方法与形式，必须与教学内容一致，符合学生认知特点，达到知识完善、能力提升、启发思维的目的。

在方法选择上，主要有以下几种：

一是归纳式总结。在课堂教学即将结束时，在有限的时间内，教师引导学生用精练准确的语言，提纲挈领地对一节课的主要内容进行归纳总结，理清知识脉络，突出重难点，形成系统知识体系并总结规律。

二是对比式总结。根据教学内容，对学习内容中知识结构、表达形式相似或者容易混淆的具有较高关联性和相似性的知识、概念、原理等进行分析比较，通过比较，分清区别、明确联系，在对比中强化理解。如在高中思想政治课《哲学与生活》模块学习中，最重要的一对概念的区分，主要矛盾次要矛盾与矛盾的主要方面次要方面，就特别适合采用对比分析方法进行总结。通过对比式总结，可以对知识理解更准确、把握更透彻，避免模棱两可，似是而非。

三是首尾呼应式总结。这种方法的运用在于总结与课堂教学的导入环节相呼应，使一节课的教学更加完整、前后照应、自成一体。如在教学高中思想政治《政治生活》关于中国共产党的领导这一内容时，课堂教学导入设置了"中国共产党为什么能"这一问题，在总结中，对应这一问题，回答"中国共产党之所以能，在于……"，这就使得课堂教学形成一个相对完整的整体。

在课堂教学总结建构的呈现方式上，我们有多种选择。如学习提纲、思维导图、图表、知识结构图等。但不管选择何种呈现方式，一定是基于教学内容，为学生总结建构素养提升服务。

第三节　案例分析

　　课堂核心素养中学生的总结构建素养包括三个方面的内容：一是对课堂知识体系的总结建构，二是对课堂学习方法的总结建构，三是对课堂学习策略的总结建构。建构主义理论认为，学习是学生自己建构知识的过程。学生不是简单被动地接受信息，而是主动地建构知识的意义。学习是学习者根据自己的经验背景，对外部信息进行主动地选择、加工和处理。对所接受到的信息进行解释，生成个人的意义或者说是自己的理解。这就是总结建构的过程。

　　学生的总结构建素养的形成是一个系统的工程，应当是贯穿于学生的整个学习过程，而非仅仅是在某一节点中完成。只有意识到这一点，教师在进行课堂教学设计与实施时才会关注到课堂核心素养中对学生的总结构建素养的培养训练。

　　以下以一节小学英语课为例，详细分析在课堂中如何开展学生总结构建素养的训练，此课例教学设计环节层层递进，基于教材又跳出教材，是一节落实学生总结构建素养的示范课。

一、案例来源

　　本案例的教学内容是教科版教材（广州版）小学英语六年级上册 Module 4 Past Experiences Unit 8 A Trip to Hong Kong。这一单元的话题是 Past experiences，主要学习动词过去式、过去时间词、过去发生的活动、用过去时态描述经历过的事情。学生在前一单元 Unit 7 中已经学习了动词过去式、过去时间词及运用句型 What did you do...?和 Where did you go...?来简单描述过去的事情。这节课是话题 Module 4 Past Experiences 的第二个单元 Unit 8 的第三个课时，Unit 8 的教材文本内容是以日记的形式展示主人公 Jiamin 以第一人称的角度详细地描述自己的一次旅游经历。本教学案例中的学生来自广州市天河区某小学六年级某班，学生英语基础较好，活泼好动喜表达。

二、案例阐述

上课伊始，授课教师开始提问："Do you like to write a diary?"不少学生回答"Yes"。教师趁热打铁问"What do you like to write?"然后学生先后回答出各自喜欢的内容，比如写自己觉得开心的事情、读后感、旅行等。教师与学生互动，对学生们回答的内容作出回应和反馈，并趁势点出本课教学目标是学习如何撰写日记。通过互动，教师带领学生完成了对前面所学知识的回顾，包括展开本节课的"旅行"话题，教师以问题链的形式，把教材前面两个单元的内容做了整体复习，包括复习相关词汇和过去时的语法，激活了学生的知识储备，同时因为以贴近学生年龄特点的话题开头，很好地激发了学生的表达欲望，为学生尝试对知识体系进行总结和构建提供了基础元素。教师对学生的学情十分了解，同时和孩子们交流也十分默契。

经过一系列环环相扣的热身问答，教师带领学生回到了教材文本，借助问题"Can you remember who went to travel Hong Kong in the Unit 8?"回忆课文的内容，梳理教材文本脉络。同时，教师在黑板上将文本要点内容用思维导图的形式展现出来（见思维导图1：梳理脉络，复述课文）。教师带领全班学生通过黑板呈现的思维导图集体完成复述课文，而后也邀请了两位学生单独复述，学生均能通过思维导图的提示将课文复述出来。相比之下其中一位学生 A 开始复述课文时并不特别流畅。当他卡壳时，教师仅指着黑板上的导图提示，并未多加言语，学生 A 停顿片刻后也能将课文完整地叙述出来。

当学生在复述课文遇到困难时，如果按照传统的做法，教师迫不及待地用言语提示同样也能帮助学生完成课文复述。本案例中，教师引导学生看思维导图提示来完成这个任务，则是让学生学会借助学习支架的帮助，自主完成输出，相比之下，后者的处理方式显然更是"授人以渔"。能培养学生的学习能力，触发真正的学习。这样的课堂活动，是符合建构主义的主张的，同时，课堂中的这样的点拨也是需要的，是让学生学会如何学习的体现。

完成复述课文环节之后，教师继续旅行话题，同时也给学生提出下一进阶任务，就是通过 listen、 answer and write 活动将输出任务从口头逐步过渡到

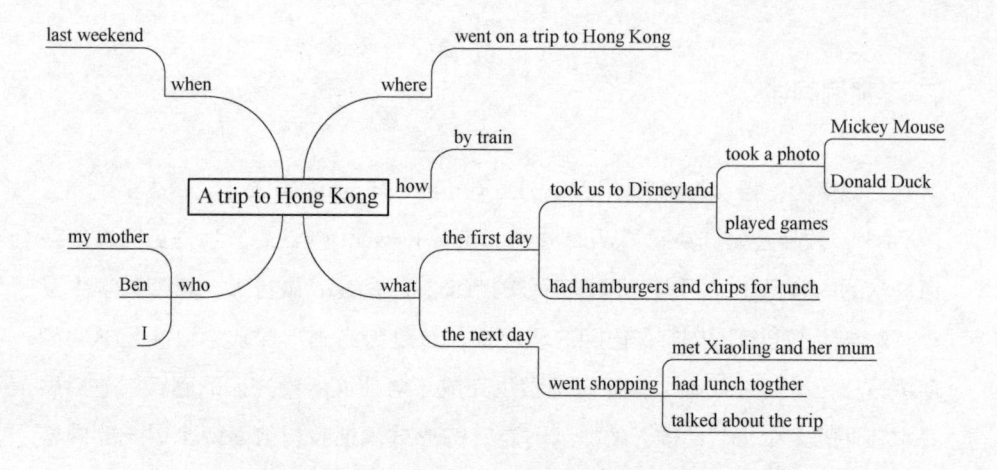

```
                    last weekend          went on a trip to Hong Kong
                         when        where
                                             by train
                                        how        took us to Disneyland      took a photo    Mickey Mouse
                  A trip to Hong Kong                                                          Donald Duck
                                                    the first day              played games
     my mother          who      what       
            Ben                              had hamburgers and chips for lunch
              I                         the next day
                                                                      met Xiaoling and her mum
                                             went shopping            had lunch togther
                                                                      talked about the trip
```

图 8-2 思维导图 1：梳理脉络，复述课文

笔头输出，在处理同样是一段关于旅行日记的文本，教师并未完全将教材的课后练习直接照搬，而是在完成课后的练习之后将任务提升了一个难度，直接将文本按照 when、where、who、how（how long）、What did they do? How did they feel? 等切割成数块，带领学生梳理该日记文本。这个环节的设计，教师跳出教材，因材施教，将任务从教材中的单纯做选择题提升为梳理构建描述一个旅行过程记录的框架，手把手地带着学生完成归纳活动（见思维导图 2：学生所读材料，完成思维导图）。这个活动既是为了接下来的笔头输出做铺垫，更深处来看，其背后的理念是在课堂上培养学生的核心素养，具体层面就是教会学生总结归纳知识，鼓励学生建构个人的知识体系。

这个环节下来，学生有了大致的描写个人旅行过程的基本框架意识。教师并没有立刻要求学生撰写个人日记，而是要求学生通过观察前面两个文本自主完成 How to write a diary 这个单元任务的思维导图（见思维导图 2：学生听读材料，完成思维导图）。由于有了前面的铺垫，学生也十分专注于观察文本，并比较顺利地完成了思维导图，将日记撰写的几大要素都表述清楚了。教师在这个环节之后仍旧没有立刻让学生完成个人日记，而是让学生回到教材，进行课后文本素材 Jiamin's Diary 的阅读并完成填空任务。教师同时提醒学生关注时态、语法等。课堂活动开展到这里，学生和教师配合度很好，此时的教师也很兴奋。

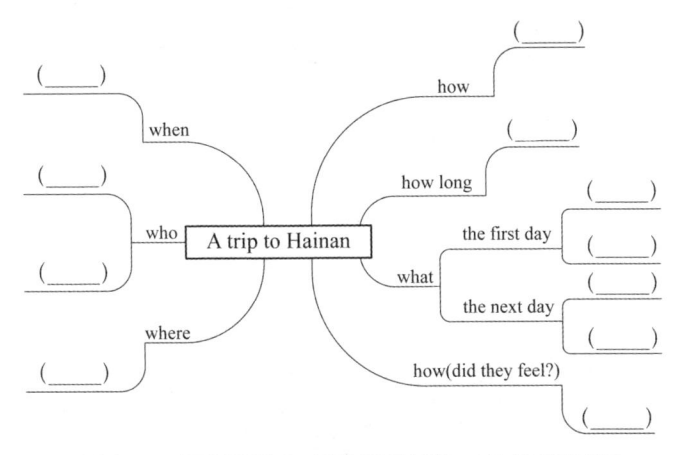

图 8-3　思维导图 2：学生听读材料，完成思维导图

三、案例分析

本节课，流程顺畅完整，教师十分注重学生学习能力的培养。在上文提及的环节中，学生和教师的关注点都在分析文本内容，而忽略了撰写日记的基本格式。后来在"写"的输出环节中，尽管教师在任务单上明确要求学生按两种格式要求选择一个来完成个人日记撰写，但仍有不少学生还是忽略了日记格式。由此可见，教师的引导作用在课堂中是非常重要的。本节课的评课反思中，观课教师指出，在归纳总结写日记的要素时是有细心的孩子提及了日记格式，但当时教师并未察觉。教师有义务帮助学生构建完整的知识体系，学生在自主构建的过程中，教师应当是一名教练，能保持清醒的认识，及时发现问题并解决问题。

在课堂文本输出任务开展前，教师让学生拿出了精心设计的前置作业进行二人小组讨论交流，其中第三个任务实际是需要课前完成的。作业任务具体如下：

可以看到课堂现场，学生的兴奋度一直保持，因为活动难易适中，学生交流环节也特别的热烈。教师最后也给了学生一点时间做现场分享，学生的交流欲望强烈，倾听度很好。最后的学生的输出任务揭晓，是根据前置作业任务三选择一个格式在规定的时间内完成一篇个人日记。

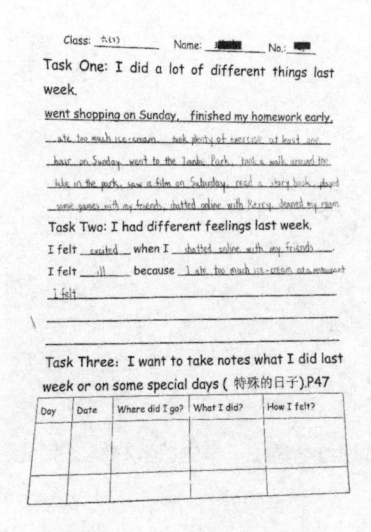

```
Class: 六(1)    Name: ███    No.: ██
Task One: I did a lot of different things last
week.
went shopping on Sunday, finished my homework early,
ate too much ice-cream, took plenty of exercise at least one
hour on Sunday, went to the Zoubu Park, took a walk around the
lake in the park, saw a film on Saturday, read a story book, played
some games with my friends, chatted online with Kercy, cleaned my room.
Task Two: I had different feelings last week.
I felt   excited   when I  chatted online with my friends .
I felt    ill    because   I ate too much ice-cream at a restaurant .
I felt _____

Task Three: I want to take notes what I did last
week or on some special days ( 特殊的日子 ).P47
```

Day	Date	Where did I go?	What I did?	How I felt?

图 8-4　前置作业任务单

　　学生在完成文本输出时可能遇到的障碍经由教师的精心设计逐一被清扫，除了日记格式这个问题教师当时没有考虑到之外，层次分明逐步递进的教学活动帮助学生顺利完成了日记撰写任务，而且书写速度和文本质量都很不错。

　　可以看到，这个案例的亮点在于，教师从一开始就带领学生提炼文本的纲要，同时也引导学生自主进行日记撰写的要素总结，帮助学生建立框架意识，由"已知"生发"想知"，由"想知"走进"未知"，再把"未知"变成"已知"后形成"真知"。本课例是一节以输出为本的英语课，从口头到笔头的输出。在教师的精心的铺垫下，学生也达到了文本输出的目的。学生在整个学习过程中，既有对知识的总结，也有对学习方法的构建过程。课后评课，众多听课教师均对本节课的思维导图的运用有很深的印象。这节课是由三个思维导图串成的课堂。第一个，教师主动出示，用以对课文的复习，达到激活知识的目的。第二个，由教师带领学生一同现场完成，目的是教学生学习归纳总结。第三个，在教师的引导下学生自主完成，对日记撰写的框架认识加工构建成型（见思维导图 3：总结归纳，形成概念）。

　　课堂上，这三个思维导图的依次出现，代表了教师对学生的逐步放手，体现了学生的自主意识的逐步增强。核心素养落地，课堂是最佳阵地。如果学生所接收的是碎片化的认知是不利于知识体系的形成的，教师在教学设计时，掌

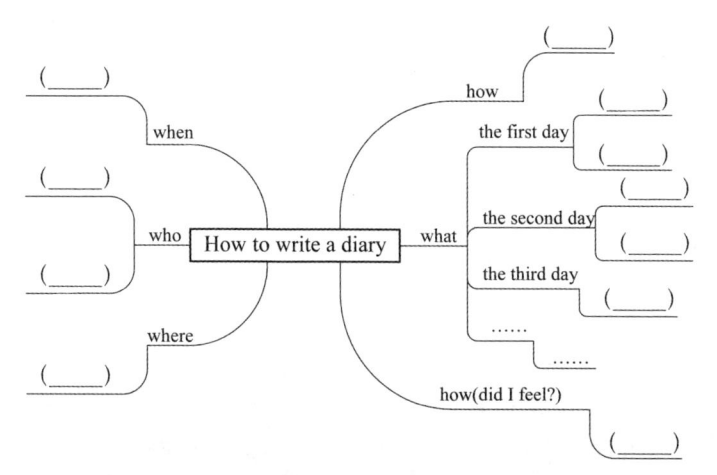

图 8-5　思维导图 3：总结归纳，形成概念

握学生的认知程度，聚焦于如何将零散呈现的东西整合串联起来，更是要帮助学生学会搭建主线，构建知识框架，从而达到真正的学习目的。课堂中的总结建构，不仅仅是一种学习方法，更是学生应该形成的习惯和品格，是一种重要的课堂核心素养。

后 记

本书是本人作为广东省中小学教师培训专家工作室主持人、广州市教育专家工作室主持人，带领工作室成员共同完成的第二本著作，是两个学习共同体集体智慧的又一成果。学生发展核心素养、学科核心素养、课程核心素养是近些年来非常热门的话题，但没有发现对课堂核心素养的系统论述。同学科核心素养、课程核心素养的本质一样，它们并不是学科的、课程的核心素养，归根结底是学生的核心素养。因此，课堂核心素养是学生在课堂里应该形成的正确价值观念、必备品格和关键能力。本书从课堂核心素养的含义、主要内容和在课堂的实施进行阐述，同时通过具体案例加以说明，希望对中小学教师如何在课堂教学中发展学生核心素养有一定的指导作用。

全书由本人设计、构思、统稿，各章节都体现了本人关于课堂核心素养的主要观点，总论由本人撰写，第一至八章由工作室成员编写，具体写作如下：第一章第一节由谭泽光编写，第一章第二节由唐信焱编写，第一章第三节由李巧儿编写；第二章第一节由陈庆礼编写，第二章第二节由薛建辉编写，第二章第三节由陈舟驰编写；第三章第一节由吴健苗编写，第三章第二节由潘少伟编写，第三章第三节由陈辉编写；第四章第一节由陈伟编写，第四章第二节由周宇轩编写，第四章第三节由李霞编写；第五章第一节由王萍编写，第五章第二节由林洁霞编写，第五章第三节由唐逢春编写；第六章第一节由雷旭编写，第六章第二节由林绮芳编写，第六章第三节由陈柱科编写；第七章第一节由邓梅编写，第七章第二节由朱穗清编写，第七章第三节由王承才编写；第八章第一节由石军编写，第八章第二节由刘小平编写，第八章第三节由庄雪梅编写。

王定铜

2022 年 2 月 22 日

"品质课程"阅读书目

书名	ISBN	定价	出版时间
学校整体课程规划	978-7-5760-0423-6	48.00	2022 年 1 月
推进育人方式变革的区域教学改进研究	978-7-5760-2314-5	56.00	2021 年 12 月
学校整体课程规划的七个关键	978-7-5760-0424-3	62.00	2021 年 3 月
课堂教学的 30 个微技术	978-7-5760-1043-5	52.00	2020 年 12 月
教学诠释学	978-7-5760-0394-9	42.00	2020 年 9 月

品质课程聚焦丛书

书名	ISBN	定价	出版时间
自组织课程:语文学科课程群新视角	978-7-5760-1796-0	48.00	2021 年 12 月
数学作为学习共同体:一种新的数学课程观	978-7-5760-1746-5	52.00	2021 年 12 月
学科育人的整体课程范式	978-7-5760-2290-2	46.00	2021 年 12 月
聚焦育人质量的学科课程设计	978-7-5760-2288-9	42.00	2021 年 11 月
活跃的学习图景:学校课程深度实施	978-7-5760-2287-2	48.00	2021 年 11 月
学科文化:英语学科课程新视角	978-7-5760-2289-6	48.00	2021 年 12 月
课程联结:学科课程群设计方法	978-7-5760-2285-8	44.00	2021 年 12 月
数学学科课程决策:专业视角	978-7-5760-2286-5	40.00	2021 年 12 月
特色项目课程:体育特色课程的校本建构	978-7-5760-2316-9	36.00	2021 年 12 月
进阶式探究课程设计:学科整合视角	978-7-5760-2315-2	38.00	2021 年 12 月
赋能思维:中学数学学科课程群设计	978-7-5760-2593-4	42.00	2022 年 4 月
语文学习维度与学科课程设计	978-7-5760-2592-7	42.00	2022 年 4 月
提升学校课程品质	978-7-5760-2596-5	52.00	2022 年 6 月
活跃学校课程实施	978-7-5760-2595-8	50.00	2022 年 6 月
确定学校课程哲学	978-7-5760-2594-1	44.00	2022 年 6 月
建构学校课程框架	978-7-5760-2597-2	48.00	2022 年 6 月
跨界课程:学科课程的边界拓展	978-7-5760-2680-1	48.00	2022 年 10 月
泛项目化课程:艺术学科视角	978-7-5760-2626-9	38.00	2022 年 10 月

特色学校聚焦丛书

书名	ISBN	定价	出版时间
儿童是天生的探索者:360° 科学启蒙教育	978-7-5675-9273-5	36.00	2020 年 2 月
做精神灿烂的教师:教师自我成长的 5 个密码	978-7-5760-0367-3	34.00	2020 年 7 月
让教育温暖而芬芳	978-7-5760-0537-0	36.00	2020 年 9 月

快乐教育与内涵生长	978-7-5760-0517-2	46.00	2020 年 12 月
故事教育与儿童发展	978-7-5760-0671-1	39.00	2021 年 1 月
美好教育：学校内涵发展的循证研究	978-7-5760-0866-1	34.00	2021 年 3 月
把美好种进儿童心田	978-7-5760-0535-6	36.00	2021 年 3 月
倾听生命的天籁："天籁教育"的实践与探索	978-7-5760-1433-4	38.00	2021 年 9 月
为了每一个孩子的美好心愿	978-7-5760-1734-2	50.00	2021 年 9 月
向着优秀生长："模范教育"的理念与实践	978-7-5760-1827-1	36.00	2021 年 11 月
让个性自然发荣滋长："引发教育"的理论寻源与实践探索	978-7-5760-2600-9	38.00	2022 年 3 月
面向每一个生命的教育	978-7-5760-2623-8	44.00	2022 年 8 月
让每一个生命澄澈明亮："小水滴"课程的旨趣与创意	978-7-5760-2601-6	54.00	2022 年 8 月

跨学科课程丛书

大情境课程：主题设计与创意评价	978-7-5760-0210-2	44.00	2020 年 5 月
社会参与素养的培育模型与干预机制	978-7-5760-0211-9	36.00	2020 年 5 月
大概念课程：幼儿园特色主题活动设计	978-7-5760-0656-8	52.00	2020 年 8 月
项目学习：进入学科的课程智慧	978-7-5760-0578-3	38.00	2021 年 4 月
STEAM 课程的设计与实施	978-7-5760-1747-2	52.00	2021 年 10 月
幼儿个性化运动课程	978-7-5760-1825-7	56.00	2021 年 11 月
幼儿园特色课程的框架与实施	978-7-5760-2598-9	48.00	2022 年 3 月
像博士一样探究：PHD 课程的创意与探索	978-7-5760-3213-0	52.00	2023 年 2 月

核心素养导向的课堂教学丛书

转识成智的课堂教学：核心素养导向的历史教学	978-7-5760-0164-8	40.00	2020 年 5 月
学导式教学：学会学习的教学范式	978-7-5760-0278-2	42.00	2020 年 7 月
高阶思维教学的关键技术	978-7-5760-0526-4	42.00	2021 年 1 月
会呼吸的语文课：有氧语文的旨趣与实践	978-7-5760-1312-2	42.00	2021 年 5 月
高阶思维教学的核心指向	978-7-5760-1518-8	38.00	2021 年 7 月
磁性课堂：劳动技术课就这样上	978-7-5760-1528-7	42.00	2021 年 7 月
核心素养导向的作业设计	978-7-5760-1609-3	40.00	2021 年 8 月

书名	ISBN	定价	出版时间
语文，让精神更明亮	978-7-5760-1510-2	42.00	2021年9月
"六会"教学法：基于核心素养的课堂教学	978-7-5760-1522-5	42.00	2021年9月
深度教学的内在维度：数学反思性学习的六个策略	978-7-5760-2590-3	36.00	2022年3月
具身学习的18种实践范式	978-7-5760-2591-0	38.00	2022年6月
课堂是照亮彼此的地方	978-7-5760-2621-4	46.00	2022年7月
以学习为中心的课堂范型	978-7-5760-2622-1	42.00	2022年8月
简练语文：教学主张与实践智慧	978-7-5760-2681-8	56.00	2022年9月

📖 特色课程建设丛书

书名	ISBN	定价	出版时间
教师，生长的课程	978-7-5760-0609-4	34.00	2020年12月
学校课程发展的实践范式	978-7-5760-0717-6	46.00	2020年12月
丰富学习经历：如歌式课程的愿景与深度	978-7-5760-0785-5	42.00	2020年12月
学科课程群设计方法	978-7-5760-0579-0	44.00	2021年3月
学校美育课程的立体建构：菁华园课程的逻辑与框架	978-7-5760-0610-0	36.00	2021年3月
关键学习素养与学科课程设计	978-7-5760-1208-8	34.00	2021年4月
学校课程设计：愿景建构与深度实施	978-7-5760-1429-7	52.00	2021年4月
生长性课程：看见儿童生长的力量	978-7-5760-1430-3	52.00	2021年4月
"慧阅读"课程：儿童视角	978-7-5760-1608-6	42.00	2021年6月
幼儿园特色课程的框架与实施	978-7-5760-2598-9	48.00	2022年3月
课程是鲜活的："大视野课程"的旨趣与活性	978-7-5760-2599-6	42.00	2022年7月
指向核心素养培育的学校课程图谱	978-7-5760-2624-5	42.00	2022年7月

📖 课堂教学新样态丛书

书名	ISBN	定价	出版时间
课堂，与美最近的距离：基于学科核心素养的课堂教学变革	978-7-5675-7486-1	38.00	2022年4月
协同教学：意蕴与智慧	978-7-5675-8163-0	48.00	2022年4月
决胜课堂28招	978-7-5760-2625-2	52.00	2022年4月
一百个孩子，一百个世界：基于差异的教学变革	978-7-5675-6754-2	42.00	2022年11月
课堂如诗："雅美课堂"的姿态	978-7-5675-7219-5	42.00	2022年11月
在教室里眺望世界：基于BYOD的教学方式变革	978-7-5675-8247-7	52.00	2022年11月
课堂教学的资源设计与方式变革	978-7-5760-3620-6	52.00	2023年2月